예수는 사회주의자였을까

추천의 글

김승욱 교수

중앙대 명예교수, 「월드뷰」 발행인

이 책의 저자 로렌스 W. 리드(Lawrence W. Reed)는 지난 30년간 전세계를 다니며 강연을 해 왔으며, 10여 년 동안 미국 경제교육재단(FEE)의 회장을 역임하고 있습니다. 여러 저서 가운데 2018년에 집필한 사회주의가 무엇인지를 설명한 *The XYZ's of Socialism*이 『왜 결정은 국가가 하는데 가난은 나의 몫인가』라는 제목으로 번역되었습니다. 이 책의 마지막 부분에 "예수는 사회주의자인가"라는 장이 있는데, 이를 한 권의 책으로 자세하게 다룬 것이 바로 이 책 『예수는 사회주의자였을까』입니다.

슘페터는 1942년에 『자본주의, 사회주의, 민주주의』에서 자본주의를 성공시킨 자본주의의 정신이 무너지면서 결국 자본주의 국가에도 사회주의를 지지하는 사람들이 많아질 것이라고 예견했습니다. 로렌스 W. 리드는 미국에 현재 그런 경향이 나타나고 있다고 했습니다. 한국 사회에도 사회주의가 자본주의보다 더 성경적이라고 생각하는 기독교인이 훨씬 더 많은 것 같습니다.

하나님의 경제학을 공부하겠다는 꿈을 청소년기에 가졌고, 중앙대학교에서 교수 생활을 시작한 1989년부터 성경적 경제관에 대한 연구를 시작한 저는 처음에는 초대교회처럼 평등한 분배를 강조하는 것이 성경적 경제관이라고 생각했습니다. 30여 년을 이 주제에 관심을 가지고 연구한 결과 사회적 약자를 돕는 가장 좋은 방법이 정부의 강제력이 아니라 개인의 자발적 선택이라는 결론에 도달하게 되었습니다. 이 책을 읽고 저의 생각과 거의 완벽하게 일치해서 놀랐습니다.

크리스천들은 사회적 약자들을 돕고 가능한 빈부격차를 줄여야 합니다. 그런데 사회주의는 강제적 방법을 사용하고, 자본주의는 자발적 방법을 사용합니다. 사회주의의 핵심이 강제라는 사실에 공감합니다. 성령은 우리가 잘못하더라도 안타깝게 탄식하면서 우리를 올바른 길로 인도하려고 노력하지만, 강제하지는 않습니다. 반면에 귀신은 강제로 인격을 조정합니다. 로렌스 W. 리드가 즐겨쓰는 "자유로운 사람들은 모두가 똑같지 않고, 모두가 똑같은 사람들은 자유롭지 않다(본서 164쪽), 가난한 사람을 돕는 가장 확실한 방법은 부의 재분배가 아니라 부의 창출(본서 182쪽)."이라는 등의 견해에 매우 공감합니다. 덴마크와 스웨덴과 노르웨이의 경제는 사회주의 때문에 성공한 것이 아니라, 시장경제 때문에 성공한 것입니다.

로렌스 W. 리드는 이 책에서 슘페터와 다른 관점에서 사회주의 지지자가 많아지는 이유를 설명합니다. 먼저 사회주의가 무엇인지 많은 사람이 오해하고 있다고 하면서, 성경이 사회주의를 더 지지한다고 주장하는 사람들의 견해를 성경 해석을 기초로 반박합니다. 성경을 모든 진리 판단의 기초로 인정하는 기독교인들은 이 책을 끝까지 주의깊게 읽으면 다른 견해를 갖기 어려울 것으로 생각됩니다.

이승구 교수
합동신학대학원대학교 조직신학 교수

2020년에 출간된 로렌스 W. 리드의 이 책을 한국어로 속히 번역하심에 대해서 감사드립니다. 경제학을 가르쳤던 교수요, 오랫동안 공공정책 연구를 감당했던 사회적 실천가라고 할 수 있는 로렌스 W. 리드의 특성을 잘 반영하는 이 책은 예수님은 사회주의자도 아니요, 자본주의자도 아님을 아주 잘 보여 주는 좋은 책입니다.

우리들의 가진 개념을 가지고 예수님을 규정하지 말라는 리드 교수와 서문을 쓴 다니엘 하난(Daniel Hannan)의 말을 잘 새겨야 합니다. 그 중에서 지난 50년 이상 온 세상에 회자되는 말인 예수님은 사회주의자였다는 말이 어떻게 시대착오적인 말이며, 특히 예수님의 성격과 그의 가르침에 부합하지 않는지를 이 책은 잘 드러내 주고 있습니다. 이것을 잘 표현한 데서 이 책은 성공하였습니다.

그러면 예수님은 과연 어떤 분이셨고, 과연 무엇을 하려고 하셨는지를 성경에 근거해서 잘 공부하는 것이 우리의 작업이 되어야 합니다. 성경에 근거해서 그는 참으로 신적인 메시아셨고, 하나님 나라를 눈에 보이지 않는 방식으로 이미 이 땅에 가져다 주셨으며, 그가 다시 오실 때 그 나라가 권능으로 임하게 하실 것이라는 것을 참으로 믿고, 그를 경배하면서 끊임없이 예수님에게서 배우고 예수님의 뒤를 따라 가는 우리들이 되었으면 합니다.

이명진 소장

성산생명윤리연구소 소장, 의사평론가

명쾌하고 통쾌하고 시원한 내용을 담은 책입니다.

사회주의자들은 강요된 자선을 요구합니다. 성경의 어디에서도 강요된 자선과 사랑을 요구하는 구절을 한 곳도 찾을 수 없습니다. 이 책은 예수님을 사회주의자라고 주장하는 삐뚤어진 해석과 무지한 판단을 명쾌하고 통쾌하고 정확하게 집어내고 있습니다.

예수님은 남의 것을 빼앗아 나누라고 하지 않으십니다. 자신의 소유와 사랑을 나누라고 하십니다. 주님의 눈과 마음으로 하나님을 섬기고 이웃을 섬기기 원하는 분들의 마음을 풀어줄 시원한 책이라고 생각합니다.

송호택 교수 · 고은선 원장

연세대학교 의과대학 교수, 내리교회 장로 / 고은여성병원 원장

사회주의에 대해 동경하는 기독교인이 적지 않은 현실에서 예수님이 사회주의자였다는 주장을 들을 때면 마치 동북공정의 궤변을 듣는 듯 하지만, 단순히 탓하기 보다는 무엇이 진실인지를 신중하고 진지하게 같이 생각해보도록 하는 것이 예수님의 사랑을 따르는 길임에 꼭 이 책을 읽어 보기를 권하며 예수님의 은혜로 바울과 같이 눈을 뜨는 기독교인이 많이 생겨나기를 열망합니다.

이 책은 성경 말씀을 사회주의에 끼워 맞추어 오역을 시도하는 많은 시도들을 일격에 깨뜨려 주는 날이 잘 선 검과도 같아서 정신나간 논리가 난무하는 이 세대에 우리의 믿음을 명확히 세워주는데 더 없이 좋은 길잡이가 되어 줄

것입니다.

함초롬 대표
열아홉출판사(『보수주의자의 양심』, 『레이건 일레븐』 출간) 대표

역사 속으로 사라진 소련의 실패에도 불구하고 여전히 국가가 모든 것을 해주겠다는 그럴듯한 사회주의의 미혹이 대한민국을 뒤흔들고 있습니다.

　이 책은 특히 흔들리는 젊은이들에게, 나와 내 이웃의 존엄은 정부가 아닌 비범한 개인들의 헌신으로 지켜지는 것임을 호소하고 있습니다. 자유보다 평등으로 지나치게 기울어진 오늘날의 대한민국에 꼭 필요한, 가뭄의 단비 같은 책입니다.

황경구 단장
애국순찰팀 단장, 유튜브 황경구의 시사창고 운영자

우리 사회에 급격한 좌경화가 도래하면서, 오래 전부터 음성적으로 자생되어 오던 주체사상 이념이 좌익정권과 함께 절정을 맞이하면서 기독교 입국론으로 태동한 자유대한민국에서 성경을 이용한 좌익종북이념 선전과 선동을 통하여 자유민주주의의 정통성을 붕괴시키려고 하는 이 시점에 등장한 이 책은 분명 난세와 같은 상황 속에서 교회와 국가를 지키는 데 큰 도움을 주는 귀한 책이라 생각합니다.

저는 이 책을 감히 우리 자유대한인의 양심적 필독서라고 굳게 믿으며, 현장을 누비고 우리 사회 안위를 걱정하며 선도하는 시민사회운동가로서 강력하게 읍소하며 이 책을 추천합니다.

이용원 대표

사회안전방송 대표이사, K파티 대표

진정 자유민주주의자이셨던 예수님은 남의 것을 빼앗아 분배하는 공산주의와 사회주의를 가장 비판하셨을 것이고, 국민의 혈세를 낭비하고 권력을 남용하는 정치꾼들을 보셨다면 심하게 꾸짖으셨을 것이며, 거짓으로 혹세무민하는 세력들도 단호하게 내쫓으셨을 것입니다.

자유대한민국을 사랑하는 모든 국민께서 이 책을 꼭 읽어주시길 강력히 추천드리며, 국민을 억압하고 핍박하는 사회주의와 맞서 예수님의 말씀과 정신을 본받아 자유민주주의 대한민국을 지켜나갈 수 있기를 소망합니다.

예수는 사회주의자였을까

박철희 장군

(예)육군준장, 육군사관학교 부학교장, 제1기갑여단장 역임

인간이 만든 이념적 틀이나 체계 속에서 예수님을 이야기한다는 것은 얼마나 불경스러운 일입니까.

저자는 예수님의 절대 권위를 독자들에게 정확히 알리고 싶어 했고, 그들의 목적을 위해서는 수단과 방법을 가리지 않는 사회주의자들의 거짓을 온 세상에 알리고 싶었던 것 같습니다.

포도원의 일꾼, 달란트 비유, 선한 사마리아인 비유 등을 통해 예수님의 말씀 안에는 사적 소유권 인정 등 자유시장의 가치관을 긍정하고 있음을 논리적으로 설명하고 있습니다.

다양성이 인정되는 가운데 진영논리에 의해 양극화되고 있는 작금의 안타까운 정치·사회적 상황을 고려할 때 균형 잡힌 시각으로 과거와 현재 그리고 미래를 정확히 통찰할 수 있는 귀한 이 책이 시의적절하게 출간됨을 다행스럽게 생각하면서 모든 분들에게 일독을 권합니다.

Was Jesus a Socialist?

예수는 사회주의자였을까

로렌스 W. 리드 지음
조평세 옮김

목차 ─────────────────────────────

저자 한국어판 서문

거짓 증언하는 것은 그 속임에 넘어갔던 아담과 이브만큼이나 오래된 죄악입니다. 예수님께서는 공생애 동안 줄곧 거짓말과 거짓말하는 자들에 대해 경고하셨습니다. 산상수훈에서도 분명히 말씀하셨지요.

> 거짓 선지자들을 삼가라. 양의 옷을 입고 너희에게 나아오나 속에는 노략질하는 이리라. 그들의 열매로 그들을 알지니 가시나무에서 포도를, 또는 엉겅퀴에서 무화과를 따겠느냐?(마태복음 7:15-16)

거짓말과 거짓말하는 자들은 사탄이 즐겨 쓰는 유용한 도구입니다. 그는 거짓을 통해 인류를 타락시키고 하나님으로부터 사람들을 돌아서게 하며 진리를 보는 눈을 멀게 합니다. 일부 악인들은 의식적으로 자신들의 영혼을 사탄의 거짓말에 팔아넘겨 다른 사람들을 속이기도 하지만, 사탄은 종종 사람들의 선의를 이용해 그 더러운 일을 하기도 합니다. 함정을 파놓고 매력적인 미끼를 던지는 것이지요.

먹음직도 하고 보암직도 한 열매처럼 말입니다. "유혹하는 자"라는 별명이 괜히 붙은 게 아닙니다.

그러나 거짓을 퍼트리는 사람의 의도와 상관없이 거짓은 거짓입니다. 기독교인이든 아니든 모든 사람은 진리를 추구해야 마땅합니다. 진리를 거스르는 것은 모두 덫이고 망상이지요. 몇 가지 중요한 진리들을 강조하고자, 저를 포함한 많은 미국인들이 존경과 애정을 갖고 바라보는 한국의 독자들에게 이 새로운 서문을 씁니다.

이 책이 다루는 주제는 이 시대에 가장 교활한 거짓말 중 하나입니다. 바로 예수님이 사회주의와 그 정치, 경제, 사회적 제도를 지지하실 것이라는 완전한 거짓말이지요. 이보다 진리를 왜곡하는 것도 없습니다. 신약성경 어디에도 예수님이 국가 권력의 집중이나 부의 강제적 재분배, 경제의 중앙 계획, 혹은 생산 수단의 국유화 같은 사회주의의 기본 개념을 옹호하셨다는 내용을 전혀 찾을 수 없기 때문입니다. 그러나 유혹하는 자는 그 뻔한 거짓말을 계속하고 있습니다.

그 거짓말은 오천 명의 무리를 먹이셨다는 마태복음과 요한복음의 이야기를 다음과 같이 전하는 것과 같습니다.

많고 배고픈 무리가 예수님의 말씀을 듣기 위해 모였고, 제자들은 이들을 어떻게 먹일 것인지 그에게 묻습니다. 그들이 확보한 양식은 물고기 두 마리와 빵 다섯 조각뿐이었지요. 예수님은 인근에 사는 부자들을 가리키시며 "저들에게서 필요한 음식들을 **빼앗아** 여기 무리에게 나누어주라"라고 명하십니다. 이 명을 따라 제자들은 부자들의 집과 가게, 그리고 은행을 습격해 음식과 재물을 빼앗고 무리에게 나누어줍니다. 이 일 후에 예수님은 다시는 이런 일이 일어나지 않도록 로마 당국으로 하여금 부자들에 대한 세금을 올리고 가난한 사람들에게 돈을 나눠주게 하는 정치 캠페인을 전개하십니다.

당연히 성경의 이야기는 이렇게 흘러가지 않습니다. 예수님은 선한 의도로라도 다른 사람의 소유를 훔치거나 빼앗으라고 명령하신 적이 없습니다. 마태복음과 요한복음은 이렇게 기록하고 있지요. 예수님은 제자 빌립에게 매우 '자본주의적인' 질문을 하십니다.

"우리가 어디서 떡을 **사서** 이 사람들을 먹이겠느냐?"

요한복음은 예수님이 빌립을 시험하고자 이렇게 물으셨다고 기록하고 있습니다. 그리곤 예수님은 기적을 행하십니다. 어느 누구로부터 빵 부스러기 하나라도 훔치지 않고, 물고기 두 마리와 빵 다섯 조각을 늘려 모든 무리가 배불리 먹게 하셨습니다. 강도질도, 약탈도, 시기도, 계급 간의 전쟁도, 관료도 없었습니다.

예수님은 개인의 책임과 자선을 격려하셨습니다. 정치인들에게 권력을 주어 이러한 선행을 대신하게 하라고 말씀하신 적이 없습니다. 선한 사마리아인이 선했던 이유는 바로 자신의 자원을 이용해 강도 만난 자를 자발적으로 도와주었기 때문입니다. 예수님의 가르침에서는 사람들의 말이나 투표가 아니라 자원하는 마음과 행동이 중요한 것이었습니다.

훗날 예수님이 가난한 자들을 위해 무엇을 했냐고 물어보실 때 이렇게 대답한다고 상상해보십시오.

"저는 그 문제를 해결하기 위해 누구누구에게 투표했습니다."

예수님은 아마 이렇게 질책하셨을 겁니다.

"너는 아무 것도 안하고 정부 관료들이 누군가의 것을 뺏어서 다른 사람에게 주도록 했다는 것이냐? 내 가르침을 하나라도 제대로 듣긴 하였느냐?"

사회주의의 열매는 쓰고 썩은 것입니다. 정부는 크게 하고 개인은 작게 하는 비인격적인 제도입니다. 경제생활의 자유부터 시작해 언젠가는 표현과 언론과 집회와 예배의 자유까지 박탈하는 제도입니다. 그것이 세상 권력의 본질입니다.

한국인들은 불과 몇 십 킬로 북쪽에 있는 북한을 보면 제 말이 무슨 뜻인지 잘 알 수 있을 것입니다. 하지만 이 책에서 설명하듯이, 사회주의는 북한보다 훨씬 덜 극단적인 버전만으로도 세상에 많은 해악을 끼치고 있습니다. 사회주의

예수는 사회주의자였을까

가 인류에게 유익했던 사례는 어디에도 찾을 수 없습니다.

한국의 형제자매들에게 간곡히 부탁드립니다. 속지 마십시오. 예수님이 당신의 믿음을 정부나 국가에 두길 원하셨다는 사탄의 거짓말에 넘어가지 마십시오. 요한복음 8장 32절의 말씀을 기억하십시오.

진리를 알지니 진리가 너희를 자유롭게 하리라.

로렌스 W. 리드

2021년 7월

다니엘 하난(Daniel Hannan) • 서문

• **다니엘 하난**(Daniel Hannan)은 영국 작가이자 기자이다. 유럽연합 의회의 의원으로써 17년 동안 영국의 유럽연합(EU) 탈퇴운동을 주도한 결과, 2016년 6월 23일 브렉시트(Brexit) 투표결과로 자신의 직책에 종지부를 찍는데 성공했다. 그는 뉴욕타임스 베스트셀러인 『*Inventing Freedom*』(자유의 발명)과 『*The New Road to Serfdom*』(노예로의 새로운 길)을 포함해 총 아홉 권의 책을 썼다. 그의 글들은 hannan.co.uk에서 찾을 수 있다.

예수님은 사회주의자가 아니었습니다. 그는 물론 리버럴이나 보수주의자도, 공화당원이거나 민주당원도, 장로교나 감리교에 속하지도, 재즈광이거나 조깅하는 사람도 아니었지요. 당시에 없었던 트렌드나 구분을 기준으로 역사 속의 인물을 정의하는 것은 언제나 시대착오적입니다. 그 대상이 예수님이라면 더욱 그렇습니다.

여러분은 예수님을 훌륭한 도덕적 스승으로, 혹은 환상을 보았던 광인으로, 혹은 살아계신 하나님의 성육신으로 여길 수 있습니다. 하지만 여러분이 어떤 시각을 택하든, 다음의 한 가지 결론은 피하기 어렵습니다. 바로 예수님이 당시의 사회적, 정치적 체계에 관심을 집중하지 않으셨다는 것입니다. 그는 우리가 살고 있는 세상에 사셨지만, 그는 우리가 또 다른 세상을 추구하길 원하셨습니다. 그가 종종 비유와 은유로 말씀하신 이유는, 어떤 초월적인 진리들을 이 세상의 언어로 전달하고자 하셨기 때문입니다.

예수님은 본디오 빌라도 앞에서 "내 나라는 이 세상에 속한 것이 아니라"고 대답하셨습니다.

만일 내 나라가 이 세상에 속한 것이었더라면, 내 종들이 싸워 나로 유대인들에게 넘겨지지 않게 하였으리라. 그러나 내 나라는 여기에 속한 것이 아니니라.

복음서의 기록을 보면 예수님은 그의 말을 문자 그대로만 받아들이는 제자들에게 이 점을 이해시키시려고 여러 차례 노력하셨음을 알 수 있습니다.

저자 로렌스 W. 리드가 만약 위의 내용만을 이 책에서 다루고자 했던 것이라면 이 책은 지금보다 훨씬 더 얇았을 것입니다.

"예수는 사회주의자였을까요?"

"아니요. 자, 다음 질문."

하지만 예수님이 사회주의자였다고 주장하는 사람들은, 그가 생산과 분배와 교환의 수단을 국유화하는 어떤 프로그램을 가지고 있었다고 주장하는 것이 물론 아닙니다. 그들이 주장하고자 하는 것은, 예수님의 가치관들이 사회주의적인 가치관들이라는 것과 오늘날의 사회주의자들이 2천년 전 예수님의 폭넓은 도덕적 가르침에서 충분한 근거를 찾을 수 있다는 것입니다. 이는 보다 더 복잡하고 흥미로운 질문을 유도합니다. 바로 우리가 사회주의를 어떻게 정의하느냐의 문제입니다.

그런데 이쯤 되면 그들의 반응은 이상하게 회피적으로

변하거나 모호해집니다. 그들은 사회주의를 '친절하고 상냥함'을 의미하는 정도로 이야기하기 시작합니다. 사회주의는 이기심을 버리는 것이고 자신보다 불행한 자들을 도와주고자 하는 것이며 타인에 대한 책무를 인식하는 것이라고 말입니다.

사회주의가 만약 그런 것이었다면, 예수님은 사회주의자가 맞았을 겁니다. 로렌스 W. 리드나 저, 그리고 이 책을 읽는 독자 여러분들도 모두 사회주의자여야 함이 마땅하겠지요. 제 경험에 의하면 사회주의자들의 뻔한 특징이 바로 그렇게 세상의 모든 동정심을 그들이 독점한다고 믿는 묘한 착각입니다. 자신들과 동의하지 않는 상대방의 합당한 근거와 생각들을 고려하는 대신, 상대방에게 악의가 있다고 치부하는 것은 게으른 자기기만이지요. 최소한 일부 사람들에게 사회주의는 일종의 "영원한 철부지"가 됨을 의미합니다. 해리포터 소설처럼 세상을 착한 사람과 나쁜 사람으로 구분해서 바라보려는 것이지요.

그런 시각은 사회주의의 실제 역사적 경험을 전혀 고려하지 않은 것입니다. 역사의 교훈을 따지기 시작하면 사회주의자들은 급히 면책권을 받으려 합니다. 하지만 로렌스가 이 책에서 보여주듯이, 역사 속 모든 사회주의적 실험은 독재 정권이나 강제노동수용소로 귀결되었습니다. 물론 논의가 이 정도 흐르면 그들은 갑자기 그건 애초부터 사회주의가 아니었다고, "진짜 사회주의"는 아직 시도되지 못했다고 돌변하곤 합니다.

사회주의가 아닌 다른 어떤 이념 체계에 그런 고무줄 같은 억지를 적용한다고 한번 생각해 봅시다. 가령, 1930년대 스스로 파시스트라고 주장했던 정권들은 사실 진짜 파시즘이 아니었으니 그들을 보고 파시즘의 진가를 판단하는 것은 틀렸다고 말이지요. 그리고 이제 "진짜 파시즘"을 제대로 시도해야 한다고 주장한다면 어떨까요? 아주 터무니없는 소리로 취급받을 겁니다. 이런 식으로 그들은 사회주의를 교과서의 이론 정도로 한없이 너그럽게 평가하지만, 자본주의는 필연적으로 불완전한 실제 사례들을 들이대며 쉽게 비난합니다. 그들의 이러한 행태는 오랫동안 너무 쉽게 용납되어 왔습니다.

그렇다면 사회주의의 진정한 특징은 무엇일까요? 로렌스가 이 책에서 보여주듯이 그것은 동정심이 아니라 강제성입니다. 좌파의 생각이 우파의 생각과 구별되는 대표적인 부분이 바로 이것입니다. 좌파는 국가의 행동에 매우 쉽사리 호의적이라는 것이지요. 그들이 생각하는 집단적 이익을 위해 국가가 즉시 강제력을 행사할 수 있다고 주장하는 것입니다. 물론 다짜고짜 권총을 책상에 올려놓고 협박하는 것은 아닙니다. 대신 사회주의 정치인들은 종종 이런 용어를 구사합니다.

예수는 사회주의자였을까

"더 부유한 사람들의 마땅한 기여를 부탁드립니다."

하지만 곰곰이 생각해보면 이런 언어 뒤에는 "교도소 갈래?"라는 무언의 위협이 도사리고 있습니다.

물론 모든 조직 사회에는 어느 정도 국가의 강제성이 존재합니다. 가령 도로의 어느 쪽에서 운전을 해야 한다거나 아이들이 필수적으로 무엇을 배워야 한다거나, 그리고 모두 정해진 세금을 내야 한다는 등의 법이 있지요. 하지만 우파의 사고방식은 이러한 법들이 유감스러운 불가피성이라고 여기는 반면, 좌파의 사고방식은 이런 강제성을 우선적인 수단으로 여깁니다.

다시 예수님의 가르침을 생각해 볼까요? 우리는 그의 가르침에서 강제성을 뒷받침하는 어떤 주장도 찾기 어렵습니다. 로렌스가 이 책에서 증명하듯이, 예수님은 모든 사람이 그의 복음을 자유롭게 받아들일 것을 바라셨습니다. 그렇다고 이 사실이 그를 또 자유주의자로 만드는 것은 아닙니다. 이는 단지 자유의지라는 인간의 역량이 인류에게 매우 필수불가결한 특징이라는 것을 상기시켜주는 것입니다.

그렇다면 이것이 오늘날 기독교인들에게 주는 함의는 무엇일까요? 우리는 먼저 하나님의 영역과 가이사의 영역의 구분을 인정하는 것에서 시작해야 합니다. 물론 기독교는 세상에서 살아가기 위해 필요한 도덕적 원칙들을 제공하지요. 무엇보다 대접받고자 하는 대로 남을 대접하라는 황금률이 기독교에서 나옵니다. 그리고 예수님이 사회주의자나 자본주의자가 아니듯이, 이 기본사상은 진보나 보수라는 틀을 벗어납니다. 이 가르침은 단지 세상의 질문들에 접근하는 우리의 태도에 마땅히 영향을 미쳐야 하는 것이지요.

그러나 그것은 기독교인들이 어떤 정치적 목적을 위해 성경적 권위를 앞세워 주장해도 된다는 것을 뜻하지 않습니다. 로렌스와 저는, 기독교인들이 정치에 접근하는 문제에 대해 매우 깊이 숙고했던 사상가이자 소설가인 C. S. 루이스를 아주 좋아합니다.

이 서문의 마지막 말을 그에게 맡기겠습니다.

사람들은 "교회가 앞장서야 한다"고 말한다. 이것은 어떤 뜻을 품고 있는지에 따라 옳은 말일 수도 있고 틀린 말일 수도 있다. 여기서 '교회'란 신앙을 가진 기독교인 전체를 의미해야 한다. 그리고 교회가 앞장서야 한다고 말할 때, 그것은 알맞은 재능을 가진 일부 기독교인들이 경제학자나 정치학자가 되고 또 모든 경제학자들과 정치인들이 결국 기독교인이 되어야 한다는 것을 의미한다. 또한 정치와 경제에서 그들의 모든 노력은 "대접받고자 하는 대로 대접하는" 원칙을 이행하는 것으로 향해야 한다. 이렇게 될 경우, 그리고 우리 모두가 그 결과를 받아들일 준비가 되었다면, 우리는 우리의 사회적 문제들에 대한 해답을 꽤나

예수는 사회주의자였을까

쉽게 찾을 수 있을 것이다. 하지만 교회가 나서기를 바라는 많은 경우 사람들은 성직자가 어떤 정치적 프로그램을 제시할 것을 요구한다. 그건 어리석은 일이다. 성직자는 전체 교회 공동체 안에서 영원히 살게 될 우리 영혼에 대한 것들을 돌보기 위해 특수한 훈련을 받고 구별된 사람들이다. 그들에게 어떤 정치적 프로그램을 요구하는 것은 그들이 훈련받지 않은 일을 수행하도록 요구하는 것이다.

역자 서문

최근 국내 어느 유명한 청소년 큐티책의 성경 말씀 해설이 큰 논란이 되었습니다. 예수님이 달란트 비유에서 "악하고 게으른 종"이라고 묘사한 한 달란트 받은 사람을 "부당함에 맞선 당당한 을(乙)"로 미화한 것이지요. 미국 명문대 경제학 교수인 해당 글의 저자는 또 다른 본문 해설에서 포도원 비유의 땅주인을 로마제국에 부역한 악덕 지주로 설명하기도 했습니다. 여기서 포도원 주인은 다름 아닌 하나님을 빗댄 것인데 말입니다.

저자는 성경의 본문을 자신이 말하고자 하는 내용의 소재로 사용했을 뿐, 예수님의 가르침과 전혀 상관없거나 반대되는 해설을 늘어놓았습니다. 논란이 커지고 독자들의 항의가 빗발치자 해당 큐티집의 편집부는 결국 논란이 된 저자와의 연재 계약을 파기했다고 합니다.

이처럼 성경의 교훈을 왜곡하거나 뒤집어 가르치는 일은 교회 내에도 난무하고 있습니다. 특히 성경의 '쉬운 설명'에 치중하며 철저한 신학적 검증을 소홀히 할 수 있는 어린이 및 청소년 대상의 성경 해설에서 더욱 심할 것입니다. 이러한 거짓 해설로 성경을 읽는 세대는 말씀을 통해 옳고 그름을 분별하기는 커녕 세상의 인본주의적이고 상대주의적 관점을 현란한 궤변으로 합리화하는데 능숙해지겠지요. 진리는 그 빛을 잃고 소금은 그 맛을 잃어버립니다.

이 책은 성경 말씀을 남용해 기독교의 진리를 왜곡하는 가장 대표적인 거짓말을 다루고 있습니다. 바로 기독교의 가르침이 사회주의를 지지한다는 거짓말입니다. 흔히 "초대교회는 사회주의였다"라는 거짓말로 시작하지요. 하지만 이 책에서 낱낱이 밝혀지듯이 기독교의 세계관과 사회주의의 세계관은 결코 양립할 수 없는 세계관입니다. 그럼에도 기독교인이 사회주의를 지지하는 대부분의 경우는, 우선 많은 사람들이 사회주의가 무엇을 의미하는지를 잘못 알기 때문입니다.

사회주의자들은 (매우 의도적으로) 사회주의가 어떤 '착한 마음' 내지는 '약자와 가난한 자를 위하는 제도' 정도로 대충 포장하며 그 본질과 구체적인 내용을 숨기곤 합니다. 하지만 이 책의 1장에서 사회주의가 정확히 무엇이며 어떤 미래를 지향하는지 분명히 밝히고 있습니다. 이어지는 2장과 3장에서는 예수님의 비유와 말씀을 통해 드러나는 기독교의 '경제관'을, 5장에서는 예수님의 '국가관'을 풀어냅니다. 책의 4장과 9장에서는 각각 사회주의와 기독교가 견지하고 있는 완전히 다른 삶의 기본태도, 즉 '시기'와 '겸손'을 대조해서 보여줍니다. 또 6장과 7장은 사회주의가 인류 보편의 윤리 도덕관에도 완전히 어긋남을 설명하며, 8장은 사회주의가 그 주장하는 바에 있어서도 전혀 효과적이지 못함을 명백히 드러냅니다. 마지막으로 10장에서는 기독교인은 물론 대부분의 일반인들도 존경과 신뢰를 아끼지 않는 두 기독지성인의 이 문제에 대한 입장을 소개합니다.

저자인 로렌스 W. 리드는 수십 년 동안 하이에크, 미제스, 프리드먼 등 저명한 경제학자들의 논리를 일반 대중과 기독교인들에게 쉽게 풀어내는 일을 전업으로 하고 있는 교육자로서 이 책을 쓰기에 가장 적합한 학자입니다. 무엇보다 이 책은 경제학의 기초 원리와 기독교 가치관의 접점을 아주 쉬운 표현과 예시로 설명하고 있어서 청소년들과 청년들, 그리고 교회학교 교사들에게도 매우 유익한 참고서가 될 것입니다.

저는 이 지면을 빌려, 저자가 이 책에서 미처 다 말하지 못한 기독교와 사회주의의 결정적인 충돌을 추가적으로 말씀드리고 싶습니다. 바로 사회주의가 애초부터 기독교를 대적하고 파괴하기 위해 고안되고 발전되었다는 사실입니다.

종교와 사유재산의 폐지 등 사회주의의 주요 실천계획을 처음 주창한 사람은 프랑수아노엘 바뵈프(Francois-Noel Babeuf)였는데 그 배경은 18세기 말 프랑스혁명이었습니다. 프랑스혁명은 하나님을 인간 이성으로 대체하고 인간정부를 숭배하려고 했던 반기독교 인본주의 혁명이었지요. 프랑스혁명을 검색엔진에 입력하면 연관검색어로 '비기독교화(dechristianization)'가 뜨는 이유입니다. 당시 혁명가들은 교회와 성당을 모두 '인간 이성과 철학의 신전'으로 탈바꿈하고 성직자들과 교인들을 학살했습니다. 그 중 가장 극단적인 사회변혁 음모를 꾸몄던 바뵈프와 그 공모자들은 스스로를 '하나님 없는 인간(l'HSD, l'homme sans Dieu)이라고 부르고 '무신론 사전'을 편찬하기도 했습니다.

그로부터 한 세대 이후 등장한 마르크스와 엥겔스는 "무신론이 시작하는 곳에서 공산주의가 시작"된다고 말하며 『공산당 선언』을 썼습니다. 스스럼없이 "현존하는 모든 사회 질서의 무력 타도"를 주장했던 『공산당 선언』의 초안 제목이 원래 『공산주의 신앙고백』(*Communist Confession of Faith*)이었다는 사실을 많은 사람들이 간과하지요. 그들은 기독교를 대체하는 새로운 인간 종교를 창시하고자 했던 것입니다. 마르크스의 공산주의를 실현하고자 일으켰던 1871년 파리코뮌 혁명의 구호는 잠언 1장 7절 말씀을 거꾸로 뒤집은 "하나님을 증오하는 것이 지혜의 근본이다"였습니다. 같은 시기 또 다른 사회주의자 미하일 바쿠닌(Bakunin)은 "신이 존재한다면 그를 폐지해야 한다"고 썼습니다.

첫 사회주의 국가인 소련을 세운 레닌(Lenin)은 종교생활을 시체성애와 다름없는 것이라고 조롱했습니다. 소련 건

예수는 사회주의자였을까

국 당시 그들의 표어는 "땅에서는 자본주의자들을, 하늘에서는 하나님을 축출하자!"였지요. 소련 공산당 기관지 프라우다(Pravda)를 창립한 니콜라이 부카린(Bukharin)은 "종교를 상대로 사생을 건 싸움을 선포"해야 한다고 말했습니다. 레닌과 트로츠키는 '무신론 무장 연맹'(League of the Militant Godless)을 조직해 기독교 파괴를 본격화했습니다. 그들은 성직자들과 수녀들을 죽이기 전에 최대한 능욕해서 하나님을 조롱하기도 했지요. 소련 사회주의 치하에서 교회와 성도들이 받은 끔찍한 고난은 루마니아의 리차드 웜브란트(Richard Wumbrand) 목사의 증언 등을 통해 밝혀졌듯이 너무 참혹해서 상상조차하기 어렵습니다.

소련에서 망명한 알렉산더 솔제니친(Solzhenitsyn)은 "마르크스와 레닌의 철학이 하나님에 대한 증오로 그 주된 추진력을 얻었다"고 썼습니다. 그렇게 시작된 사회주의 국가들은 결국 지난 한 세기 동안 최소 1억 명의 사람들을 학살했으며 지금도 여전히 중국과 북한에서 진행 중입니다. 그리고 서구 사회를 비롯한 자유민주국가에서도 사회주의는 여러 형태로 진리를 왜곡하며 질서파괴와 혼란을 야기하고 있습니다. 기독교가 사회주의를 분명히 알고 깨어 대적하는 것은 더 이상 특정 세력의 '이념 논쟁'으로 치부될 일이 아닙니다. 사회주의는 사실상 그 뿌리부터 "그 모든 사상에 하나님이 없다(시 10:4)"고 말하는 반기독교 운동이기 때문입니다.

그래서 미국의 보수주의자 휘태커 챔버스(Whittaker Chambers)는 사회주의가 에덴동산에서 "너희가 … 하나님과 같이 되어(창3:5)"라는 속삭임으로 시작된 "인간의 두 번째로 오래된 종교"라고 말했습니다. '마르크스 이전의 마르크스주의자'라고 불렸던 미국의 오레스테스 브라운슨(Orestes Brownson)도 사회주의를 기독교의 이단(heresy)으로 규정하기도 했지요. 기독교인이라면 모든 형태의 사회주의를 적극적으로 경계하고 대적해야 하는 이유입니다. 잠언 말씀에 나오는 많은 악인 중에서 가장 먼저 조심하라고 경고하신 세력도 "우리와 함께 제비를 뽑고 우리가 함께 전대 하나만 두자(잠1:14)"고 현혹하며 접근하는 사회주의자들이었음을 명심해야 합니다.

오늘날 한국사회에 꼭 필요한 이 책의 번역 출간을 흔쾌히 맡아주신 도서출판 개혁 이제신 대표님과 강윤석 강도사님께 진심으로 감사드립니다. 그리고 출간과정에서 많은 도움을 주신 도서출판 열아홉 함초롬 대표님과 멋진 디자인으로 함께해 주신 김현진님께도 깊은 감사의 말씀을 드립니다.

"진정한 사회주의자가 있었다면, 그것은 예수였다."

Kelley Rose, Democratic Socialists of America

"예수가 사회주의자였다는 것을 기억할 필요가 있다. ⋯ 그의 급진적인 사상은 많은 자본주의 비평가들에게 영향을 미쳤다."

Peter Dreier, Occidental College 정치학 석좌교수

"'예수라면 얼마를 가져갔을까'라는 질문에 대한 답은 '전부'이다. 35%도 아니고 39.6%도 아닌, 100%."

Lawrence O'Donnell, MSNBC

"예수는 사회주의자"라는 말을 나는 약 50여 년 전에 처음 접했다. 매우 혼란스러웠다. 당시 나는 십대 청소년이었지만 사회주의 국가들이 세계에서 가장 자유롭지 못한 곳들이라고 알고 있었기 때문이다. 또한 예수님의 가르침은 사람의 일생에서 가장 중요한 결정이 곧 그를 구세주로 받아들이느냐 아니면 거절하느냐는 것이었다고 이해하고 있었다. 그 결정은 분명 개인적인, 즉 독자적이고 자율적인 선

예수는 사회주의자였을까

택이어야 했다. 게다가 예수님은 사람의 안녕을 위해 언제나 물질적인 것보다 내적이고 영적인 회복을 중요하게 여기셨다.

나는 생각했다.

"자유로운 선택을 무엇보다 옹호했던 분이 어떻게 자유로운 선택을 저해하는 강제력을 지지하실 수 있을까? 어떻게 누군가의 물건을 뺏어서 다른 사람에게 주거나, 다른 사람들의 경제활동을 임의로 계획하고, 혹은 생산의 수단을 강탈하거나 사람들의 소유물을 뺏어 나누도록 그가 강요하실 수 있을까?"

나는 피터의 것을 강도질해서 폴에게 주는, 그런 저열하고 정치적인 주장은 예수님께 어울리지 않는다고 생각했다.

이 직관은 무엇보다 내가 읽었던 신약성경에 따른 것이었다. 성경에 나타난 예수님은 다른 사람의 것을 강탈해서 누군가에게 줄 것을 약속하시거나 그런 약속으로 사람들의 지지를 구하시지 않으셨다.

훗날 대학원에서도 어느 교수님이 당연하다는 듯 예수님이 사회주의자였다고 말하는 것을 들었다. 그 교수님의 근거는 이랬다. 사도행전에서 예수님의 제자들이 그들의 사적 소유를 팔아 공동체가 이익을 나눠가졌다는 것이었다. 뭐라고? 뭔가 맞지 않았다. 단순히 자신의 물건을 팔아서 이익을 공유하는 것이 사회주의라고? 그건 자본주의 시장 경제에서도 아무런 제한 없이 자유롭고 투명하게 가능한 것이었다. 아니, 오히려 그렇게 사고, 팔고, 주고, 나누는 것은 사회주의가 아닌 자본주의 시장 경제에서 더 많이 자율적으로 이루어지고 있었다. 자본주의자들과 자본주의 국가들은 역사적으로 세계에서 가장 큰 자선가들이었고 게다가 그 혜택을 받는 수혜자들은 주로 사회주의 정권 치하에서 고통 받는 가난한 사람들이었다.

나는 기회가 생겼을 때 다시 사도행전을 읽어봤다. 교수님이 언급한 부분은 2장 44절부터 47절이었다.

> 믿는 사람이 다 함께 있어 모든 물건을 서로 통용하고, 또 재산과 소유를 팔아 각 사람의 필요를 따라 나눠 주며, 날마다 마음을 같이하여 성전에 모이기를 힘쓰고, 집에서 떡을 떼며 기쁨과 순전한 마음으로 음식을 먹고, 하나님을 찬미하며 또 온 백성에게 칭송을 받으니 주께서 구원 받는 사람을 날마다 더하게 하시니라.

이 구절에서 즉시 드러나는 한 가지 모순이 보였다. 이 초대교인들이 "모든 물건을 서로 통용"했다면 어떻게 모여 떡을 뗄 수 있었던 각자의 "집"은 소유할 수 있었을까? 집은 예외였던 것일까? 아니면 "모든 물건"이라는 표현은 과장되거나 은유적인 표현이었을까?

예수는 사회주의자였을까

나는 교수님의 주장이 근거가 없다고 결론을 내렸다. 설사 사회주의가 서로 물건을 공유하는 것 그 이상이 아니더라도, 그것은 어디까지나 자율적인 것이었다(1장에서 보게 될테지만 사회주의는 단순히 서로 물건을 공유하는 것이 당연히 아니다). 더구나 사도행전 혹은 신약성경 어디에도 이 "물건 통용"이 모든 상황에서 모든 기독교인들에게 강요되었다는 이야기는 없다. 기독교인이 아닌 사람들에게는 물론 말할 것도 없다. 그런데 예수님이 이런 생활 양식을 모두에게 강요하는 체제와 제도를 원하신다고? 터무니없는 소리였다.

수십 년 후에 나는 신앙과 일과 경제 연구소(Institute for Faith, Work, and Economics)의 아트 린지(Art Lindsey) 박사가 2014년에 쓴 『지극히 작은 자를 위하여: 가난에 대한 성경의 해답』(For the Least of These: A Biblical Answer to Poverty)에서 다음의 통찰력 있는 글을 읽게 되었다.

> 사도행전의 해당 본문에는 국가(정부)에 대한 언급이 전혀 없다. 초대교인들은 그들의 물품을 강요에 의한 것이 아니라 자유롭게 자발적으로 내놓았다. 성경의 다른 곳에는 "하나님은 즐겨 내는 자를 사랑(고후 9:7)"하시기 때문에 그리스도인들이 그렇게 자유롭게 서로 나누어야 한다는 가르침을 주기도 한다. 이를 통해 우리는 초대교회에 사적 소유권이 여전히 작동하고 있음을 충분히 알 수 있다.

게다가 초대교회 당시 물건을 팔아 서로 통용하는 일은 믿는 자들이 늘어나면서 점차 사라졌다. 예수님의 가르침을 더 분명하게 조명했던 사도 바울은 그런 행위를 한 번도 명령하지 않았다. 사실 신약성경 어디에서도 물건 통용을 의무로 여기지 않을 뿐 아니라 그것이 정부 차원의 바람직한 정책이라고는 더더욱 여기지 않았다. 따라서 문제의 사도행전 본문은 규범적(prescriptive)인 가르침으로 이해할 것이 아니라 기술적(descriptive)인 서술로 이해하는 것이 합당하다.

실제로 역사 속에는 평등주의적 공동 소유 체제를 살았던 기독교인들보다 그렇지 않았던 기독교인들이 압도적으로 더 많다. 기독교인이 사회주의를 따라야 한다고 주장하는 사람들은, 초대 교회의 일부 교인들의 일시적인 행동을 근거로 사적 소유 모델을 따르는 대부분의 기독교인들보다 그들이 더 우월하다고 이야기하는 셈이다.

1620년 메이플라워호를 타고 미국에 도착해 플리머스 정착촌을 시작한 필그림[1]들은 신실한 기독교인들이었다. 그들은 초기에 사도행전 본문에서 기술하는 방식과 유사한 경제 양식을 시도했다. 정착촌의 첫 지도자였던 윌리엄 브래드포드(William Bradford)의 일기에서 그들의 실험을 엿볼

---

1 필그림(pilgrim)은 '순례자'라는 뜻이지만, 고유명사로 사용될 때는 메이플라워호를 타고 신대륙에 도착한 102명의 청교도들을 말한다. 필그림파더스(Pilgrim Fathers)라고 부르기도 한다. *모든 각주는 역자 주

수 있다. 그들은 땅을 공동으로 소유하며 땅의 모든 수확물을 공동의 창고로 가져와 모두에게 똑같이 분배했다. 그곳의 모든 사람들은 그렇게 자기 자신이나 자신의 가족이 아닌 모든 다른 사람들(공동체)을 위해 일해야 했다.

과연 필그림들은 그런 집단주의 유토피아에서 행복하게 잘 살았을까? 전혀 그렇지 못했다. 그들의 "공동 소유" 체제는 수십 명의 목숨을 앗아갔다.[2] 브래드포드는 사람들이 생산물에서 자신의 할당량을 가져가는 것은 즐거워했지만 결국 생산량은 급속도로 떨어졌다고 기록하고 있다. 게으름을 피우는 사람들은 농장에 늦게 나타나기 시작했고 일을 열심히 하는 사람들은 이에 분개해 열심히 일하고자 하는 의욕은 떨어졌다. 인간의 본성이 드러난 것이다.

필그림들은 점점 궁핍해졌고 결국 정착촌은 기아로 인해 멸종의 위기를 맞게 되었다. 브래드포드는 체제를 바꿨다. 그는 공동 소유의 땅을 각 가정의 사적 소유로 나눠 분배하고 각 땅주인들이 원하는 작물을 길러 생산물을 직접 가지거나 자유롭게 거래하도록 했다.

플리머스에서는 결국 이렇게 사적 소유를 인정하고 자유시장의 조건을 마련함으로써 사회주의 실험의 실패를 자본주의의 성공 스토리로 바꿀 수 있었다. 이러한 반전은 사

---

2 첫 해에만 102명 중 50명이 사망했다.

실 역사 속에 너무 당연한 것으로 여겨질 정도로 종종 일어나는 일이다. 나는 반대로 자유 경제와 사적 소유가 재앙을 만들고 사회주의가 상황을 역전하는 역사의 사례를 알지 못한다. 그런 경우는 단 한 번도 없었다. 필그림들이 그랬던 것처럼 역사 속의 수많은 사람들은, "이익보다 사람"을 중시하는 사고방식이 오히려 사람들을 가난하게 만들고, 사익에 대한 추구, 즉 각자가 자신의 소유를 누리며 자신의 처한 상황을 개선해보려는 사적인 욕구가 오히려 더 많은 사람들을 가난에서 구제한다는 것을 알게 되었다.

필그림들이 신대륙에 정착한지 약 2백년 후에, 스코틀랜드 출신의 로버트 오웬(Robert Owen)[3]이라는 목화 사업가는 인디아나 주 뉴하모니(New Harmony)라는 지역에서 사회주의를 또 다시 시도한다. 그는 개인주의나 사익과 같은 "악"을 초월하고자 공동체를 시작했다. 그리고 모든 사람이 이타적이고 경제적으로 평등한 동화 속 마을의 사회를 꿈꿨다. 하지만 이 공동체는 2년을 채 못가 파산했다. 이 공동체에 영감을 받아 시작된 다른 "오웬파" 공동체들도 모두 사라졌다.

---

[3] 오웬은 '사회주의'라는 용어를 최초로 사용한 인물이다. 마르크스는 이를 '공상적 사회주의'라 폄하하였고, 자신의 것은 '과학적 사회주의'라 하여 강제성을 도입했다.

예수는 사회주의자였을까

사회주의의 부활

대학원을 마치고 나는 경제학자이자 역사학자로서 교수가 되었다. 그동안 나는 지속적으로 "예수는 사회주의자"라는 주장을 듣게 되었고 이 문제에 대해 계속 고민하게 되었다. 예를 들어 1992년 6월 런던의 일간지 「데일리 텔레그래프」(*Daily Telegraph*)는 구소련의 마지막 지도자였던 미하일 고르바초프(Mikhail Gorbachev)의 놀라운 발언을 실었다.

> 예수는 최초의 사회주의자였습니다. 왜냐하면 그는 인류에게 보다 나은 삶을 주려고 했던 최초의 인물이었기 때문입니다.

고르바초프는 사회주의가 "인류의 더 나은 삶"을 추구하는 것뿐이 아니며, 예수님이 그 "최초의 인물"도 아니라는 것을 잘 알았을 것이다. 고르바초프의 주장은 엉터리였다. 나는 사회주의에 반대했지만 나도 인류의 더 나은 삶을 원했기 때문이다. 사실 내가 사회주의자가 '아닌' 이유가 바로 인류의 더 나은 삶을 원하기 때문이기도 하다.

2011년에는 스스로를 "실제 유러피언 사회주의자"라고 부르는 MSNBC의 진행자 로렌스 오도넬(Lawrence O'Don-nell)이 자신의 황금 시간대 방송 분량 전체를 할애해 예수님이 정부 주도의 부의 재분배를 옹호했다고 주장했다. 그는 시청자들에게 예수가 "누진소득세를 주장했던 첫 인물"이라고도 말했다.

오도넬의 수장은 이 책에서 나중에 다룬다. 지금 이야기하고 싶은 것은 이처럼 계속된 엉터리 주장들이 내가 2015년에 "예수는 사회주의자였나?"라는 주제를 가지고 글을 쓰게 된 동기가 되었다는 것이다. 그 결과물은 내가 회장으로 있었던 경제교육재단(Foundation for Economic Education, FEE)의 소책자였다.

그즈음 재미난 일이 일어나고 있었다. 사회주의가 미국 사회에서 다시금 인기를 누리기 시작한 것이다. 2016년 5월 갤럽의 설문조사는 18세에서 29세의 성인 중 55%가 사회주의에 대해 호감을 가지고 있다고 밝혔다. 그 해 대통령 경선에서는 스스로 "민주사회주의자"라고 자임하는 버몬트 주의 버니 샌더스(Bernie Sanders)가 30세 이하 유권자들로부터 민주당과 공화당 후보자가 최종적으로 얻은 표를 합한 것보다 더 많은 표를 얻기도 했다.

베를린 장벽이 무너지고 소련 공산주의 제국이 무너지는 것을 목격한 대부분의 사람들은, 사회주의가 투표장에서 이런 영향력을 발휘하기는 커녕 미국인들의 진지한 토론 주제가 되는 것조차 상상하지 못했다. 1990년 초 많은 평론가들은 냉전의 종식을 두고 민주 자본주의의 승리라고 표현했다. 저명한 정치학자 프랜시스 후쿠야마(Francis Fukuyama)는 이를 "역사의 종언"이라고 선포하기도 했다. 그는 앞으로 도래할 "자본주의를 향한 인류의 보편적 진화"를 예견했다. 하지만 시간이 흐르고 나타난 신세대는 냉전이나 사회주의의 반복적인 실패에 대한 기억이 없었다. 이 젊은 미국인들에게 사회주의는 나쁜 단어가 아니라 "이상적인 것"이 되어버렸다.

사회주의의 부활은 생각보다 더 심각했다. 2019년 초 실시된 해리스 설문조사에서는 18세에서 39세의 미국인들 중 무려 절반이 "사회주의 국가에서 살기를 희망"한다고 응답했다. 공산주의희생자기념재단(Victims of Communism Memorial Foundation)의 2019년 보고서는 밀레니얼 세대[4]의 70%가 "사회주의자에게 투표할 것"이라고 응답한 조사결과를 발표하기도 했다.

이렇게 사회주의가 다시 유행을 타면서 더 많은 사회주의자들이 예수님이 사회주의자였다는 설득을 시도하고 있다. 2016년 크리스마스 날, 옥시덴탈(Occidental) 대학의 피터 드라이어(Peter Dreier) 교수는 「허핑턴포스트」에 "예수는 사회주의자였다"라는 칼럼을 기고했다. 미국 민주사회주의연합(Democratic Socialists of America, DSA)의 이야기를 다룬

---

4 당시 23세에서 38세

2018년 미국 공영라디오방송(National Public Radio, NPR)에서는 DSA의 지부장인 켈리 로즈(Kelley Rose)가 "진정한 사회주의자가 있었다면, 그는 예수였다"고 말하기도 했다.

이러한 발언들은 꽤 영향력이 있어 보였다. 복음주의 기독교 여론조사 기관인 바르나그룹(Barna Group)이 실시한 2016년 설문조사에 따르면 많은 미국인들은 예수의 가르침이 자본주의보다 사회주의와 더 일치한다고 여겼다. 응답자들에게 그 해 대통령 후보 중 누가 가장 예수의 가르침과 가까이 일치하느냐고 묻는 질문에 버니 샌더스가 1위로 나오기도 했다.

그래서 나는 2019년에 다시 이 주제를 다루게 되었다. <프래거유>(PragerU)[5]에서 나는 "예수는 사회주의자였는가?"라는 질문을 주제로 5분 영상을 녹화했다. 유튜브와 소셜 미디어, 그리고 <프래거유> 웹사이트에서 이 영상은 4백만 이상의 시청을 기록했다. 이 메시지에 대한 많은 사람들의 갈급함을 확인할 수 있었다.

---

5 PragerU 혹은 Prager University는 미국의 저명한 보수주의 평론가 데니스 프래거(Dennis Prager)가 시작한 교육영상제작 기관이다.

이 책의 목적

이 책을 통해 나는 신약성경 어디에도 예수님이 오늘날 사회주의자들이 주장하는 내용, 즉 세상 정부의 권력을 강화시켜 부를 재분배하거나 복지 국가를 강요하고, 혹은 경제를 중앙 정부가 계획하거나 생산 수단을 통제하는 방식을 지지한 적이 없다는 사실을 확실히 밝히고자 한다. 대부분의 사회주의자들과 갈수록 많은 "진보주의자"들은 이런 근거 없는 주장을 펼치고 있다. 그러나 예수님이 사회주의를 지지한다는 생각은 순전히 그들만의 환상에 지나지 않는다.

이 책의 폭넓은 요지는 현대의 정치적, 경제적 어휘로 예수님을—혹은 2천 년 전 인물 누구도— 섣불리 규정할 수 없다는 것이다. 사회주의나 자본주의와 같은 용어는 AD 1세기 당시 존재하지 않았을 뿐 아니라 이후 1,800년 동안 등장하지 않았다. 따라서 나는 예수님이 사회주의자였다는 주장이 타당하지 않다고 생각하는 것처럼, 그가 자본주의자였다고 주장하는 것도 타당하지 않다고 여긴다. 그는 물론 공화당원도 민주당원도 아니었다. 이 용어들은 근대의 용어들이며 이 용어들로 예수님을 규정하는 것은 그와 그의 가르침을 심각하게 축소하고 제한하는 것이다.

예수님은 이 세상 정부의 청사진이나 세상 정치의 틀을 전혀 제공하시지 않으셨다. 대신 그의 초점은 하나님의 명령을 따르는 사람들이라면 취해야 할 어떤 자율적인 생활 방식에 있었다. 정부의 과대한 확장을 주장하는 사람들이 예수님을 자기들 편이라고 여기는 것은 예수님에 대한 그들의 좁은 시각을 강요하는 것에 지나지 않는다. 사회주의자들과 진보주의자들이 그들의 목적을 위해 예수님을 앞세운다면, 과연 예수님의 가르침이 인간이 만든 사회주의의 윤리관과 경제관을 얼마나 뒷받침하고 있는지 제대로 따져보아야 한다. 이 책은 바로 그 문제를 다루려는 것이다.

여기서 나의 목적은 기독교의 신앙이나 혹 다른 어떤 종교를 전파하고자 하는 것이 아니다. 나는 스스로 기독교인임을 자유롭게 인정하지만, 이 책의 독자들이 기독교인이 되는 것은 전적으로 독자들 스스로에게 달린 문제다. 다만 이 책을 통해 이루고자 하는 나의 목적은, 사회주의자들과 진보주의자들이 그들의 정책을 강요하기 위해 선동하는 예수님에 대한 흔한 잘못된 주장들을 바로잡고자 하는 것이다.

신앙이나 종교의 여부와 상관없이, 진리와 역사와 경제 등에 관심이 있는 모든 사람들에게 이 책이 유익하길 바란다.

사회주의자가 일관되게 사회주의에 대한 정의를 내리도록 하는 것은 매우 어려운 일이다. 그들에게 사회주의는 끊임없이 움직이는 표적과 같기 때문이다. 사회주의의 정의를 어떻게 접근해야 할까? 도대체 사회주의란 무엇인가? 이 질문은 예수님이 사회주의자였는지 알아보기 위해서 필수적으로 먼저 다뤄야 하는 문제다.

"그걸 말하는 게 아니에요!"

칼 마르크스(Karl Marx)는 사유 재산의 폐지와 생산 수단의 국유화를 주장했다. 그는 이것을 "과학적 사회주의"라고 불렀다. 그러나 오늘날의 사회주의자들은 "그런 걸 말하는 게 아니에요!"라고 말한다.

블라디미르 레닌은 1922년에 소비에트사회주의공화국연맹(USSR)을 설립했다. 그는 "인민의 행복을 위해" 삶의 모든 영역을 소비에트 국가의 권한 아래 두었다. 대량학살자인 그의 후계자 조제프 스탈린(Joseph Stalin)은 소련의 사회주의가

예수는 사회주의자였을까

사회주의 지식인들이 약속했던 "노동자들의 천국"을 완성시킬 것이라고 선포했다. 아돌프 히틀러(Adolf Hitler)와 그의 부하들은 독일 경제를 국가가 "계획"할 것을 설파했고 그들의 정치 기관을 '국가사회주의(nationalsozialist, 나치)' 독일 노동당이라고 명명했다. 그러나 오늘날의 사회주의자들은 "그런 걸 말하는 게 아니에요!"라고 말한다.

소련 제국 치하의 15개 다른 공화국들은 1989년부터 1991년 사이에 차례로 몰락하기 전에 모두 스스로를 사회주의 체제라고 주장했다. 그러나 오늘날의 사회주의자들은 "그런 것을 말하는 게 아니"라고 주장한다.

1950년대 아프리카와 아시아의 많은 정권들은 사회주의 유토피아 건설에 몰두했다. 그들도 하나같이 오늘날 사회주의자들처럼 외쳤다.

"그런 사회주의를 말하는 게 아니에요!"

사회주의자 휴고 차베즈(Hugo Chavez)가 베네수엘라에서 권력을 잡았을 때 전 세계에 있는 사회주의자들은 크게 기뻐했다. 차베즈가 사유 재산을 몰수하고 국유화하고 재분배하는 동안 그들은 "바로 이것이 우리가 말하는 사회주의에요!"라고 외치는 듯했다. 하지만 20년이 채 지나기도 전에 베네수엘라는 생활 수준의 끔찍한 증발과 대량 난민 탈출의 온상이 되어 대표적인 경제 마비 국가가 되었다. 이제는 베네수엘라에 대한 사회주의자들의 언급을 들을 수가 없다. 그들에게 베네수엘라에 대한 이야기를 겨우 추궁하면 또다시 돌아오는 익숙한 후렴은 "우리는 그런 것을 말하는 게 아니에요!"이다.

사회주의는 결국 그것이 실패하기 전까지만 사회주의였다가, 실패하면 애초부터 사회주의가 아닌 것이 되는 것이다.

"민주적" 사회주의?

사회주의의 사전적 정의에는 분명 마르크스주의의 개념이 남아있다. "언어는 중요하다"는 슬로건을 가지고 있는 옥스퍼드 사전은 사회주의를 "생산과 분배와 교환의 수단이 공동체 전체에 의해 소유되거나 조정되어야 한다고 주장하는, 사회 구성에 대한 정치 경제 이론"으로 정의하고 있다.

이 정의만 보아도 사회주의가 분명히 무엇을 의미하는지 콕 집어 말하기 어려운 것을 알 수 있다. "생산과 분배와 교환의 수단이 공동체 전체에 의해 소유되거나 조정"된다는 것이 무슨 뜻인가? 각 편의점이 선반에 어떤 물건을 배치할 것인지, 혹은 야간 근무자로 누구를 고용할 것인지에 대해 마을 전체가 투표로 결정해야 한다는 뜻인가? 근로자들은 그들이 일하고 있는 공장을 점거하고 다수결로 사업을 운영해야 한다는 것인가?

　　　　　　　　　　　　예수는 사회주의자였을까

또 "공동체 전체에 의해 소유되거나 조정"된다는 말은 무엇인가? 미국의 3억 3천만 명은 커녕 한 마을 사람 전체로 이루어진 조정기관이 작동 가능하기나 한가? 결국 그런 조정기관은 정치력이 출중한 몇몇 사람들로 구성되지 않을까?

문제를 더 혼란스럽게 만드는 것은 사회주의에 종종 붙는 "민주적"이라는 수식어다. 사회주의가 "민주적"이라면, 그 수식어는 사회주의를 더 합법적인 것으로 만드나? 모두가 투표로 사회주의를 정한다면 사회주의는 옳은 것인가? 기억해야 할 것은 히틀러의 나치도 사회주의 정강을 내세워 투표를 통해 권력을 잡았다. 과거 미국 남부에서는 다수가 민주적인 투표를 통해 짐 크로우 법[1]을 강요했다. 투표와 민주적 제도들은 그 외에도 수많은 해악들을 가능하게 한 책임이 있다.

그럼에도 불구하고 어쨌든 "민주적 사회주의"는 이제 미국 정치의 저변에서 주류로 들어왔다. 예를 들어 1982년에 모습을 드러낸 미국 민주사회주의연합(DSA)은 2018년에 처음으로 하원에 회원들을 입성시켰다. 그 해 당선된 두 명의 DSA 회원 중 한 명인 알렉산드리아 오카시오-코르테즈

---

[1] 짐 크로우(Jim Crow) 법이란 1876년부터 1965년까지 미국 남부의 여러 주와 도시에서 실시했던 흑백분리 차별정책을 말한다.

(Alexandria Ocasio-Cortez, AOC)는 사회주의 운동의 새로운 얼굴이 되었다. 메리엄-웹스터 사전에 따르면 오카시오-코르테즈의 부상은 사회주의라는 단어에 대한 검색을 1,500%나 증가시켰다.

민주사회주의자들은 주로 스칸디나비아 국가들을 그들의 모델로 삼는다. "우리가 말하는 건 바로 이거야!"라고 외친다. 미국에서 가장 유명한 민주사회주의자인 버니 샌더스의 말을 들어보자. 그는 이렇게 말한다.

> 내가 '민주사회주의자'라고 말할 때 나는 베네수엘라를 말하는 게 아닙니다. 나는 쿠바를 말하는 게 아닙니다. 나는 덴마크나 스웨덴 같은 나라들을 말하는 겁니다.

그러나 스칸디나비아를 조금이라도 제대로 아는 사람들은, 그곳의 나라들이 최저임금법도 없고 친기업적 환경을 유지하고 있을 뿐 아니라 미국보다 더 많은 학교선택권이 존재하고 무역기반의 글로벌 경제를 가지고 있으며 국유화된 기업은 거의 없다는 것을 지적한다.

예를 들어 2013년에 영국 주간지 「더이코노미스트」(*The Economist*)는 스칸디나비아 국가들을 "그들의 대표적인 기업들을 보호하기 위해서조차도 정부가 시장에 개입하는 유혹에 빠지지 않는 억센 자유무역주의자들"이라고 표현했다.

그들은 세계에서 가장 기업하기 쉬운 나라들로 순위가 매겨진다.

또 스웨덴 학자이자 2015년에 출간된 『스칸디나비안 언엑셉셔널리즘』(*Scandinavian Unexceptionalism*)의 저자인 니마 사난다지(Nima Sanandaji) 박사는 이렇게 말한다.

> 북유럽 사회는 큰 복지 국가를 만들면서 성공한 것이 아닙니다. 그들은 20세기 중반에 낮은 세금을 가지고 있는 작은 복지 국가들을 자유 시장체제와 결합시키면서 경제적으로나 사회적으로 이미 크게 성공한 상태였지요. 시간이 지나면서 북유럽의 너그러운 복지 국가들은 심각한 복지 의존성을 초래하고 점차 기존의 강한 책임 의식을 잃어버리면서 그들의 성공 기반을 침식시키게 됩니다. 이러한 상황에 더해 큰 정부가 가져온 성장 저해 효과는 북유럽 국가들로 하여금 다시 서서히 복지를 줄이고 시장을 개혁하며 세금을 줄이게 하고 있습니다.

그렇다. 미국 사회주의자들이 훌륭한 모델이라고 여기는 덴마크, 노르웨이, 스웨덴은 그 너그러운 복지를 오히려 의도적으로 줄이고 있는 것이다. 스칸디나비아 국가들도 그들이 부유할 수 있었던 이유가 사회주의가 아닌 자본주의 시장 경제에 있음을 이제 알게 되었다. 영국의 마가렛

대처(Margaret Thatcher) 수상이 말했듯이, 사회주의자들의 문제는 바로 그들이 펑펑 쓰는 "남의 돈도 결국 떨어진다는 것"이다.

2015년에 덴마크의 수상은 이렇게 선언했다.

> 미국에서 일부 사람들이 북유럽 모델을 일종의 사회주의로 연관 짓는다는 것을 알고 있습니다. 그래서 저는 한 가지 분명히 하고자 합니다. 덴마크는 사회주의 계획 경제가 결코 아닙니다. 덴마크는 시장 경제를 가지고 있습니다.

그래서 또 오늘날의 사회주의자들은 "그런 것을 말하는 게 아니"라고 말한다. 그들은 오늘날의 스칸디나비아가 추구하는 방향과 전혀 다른, 최저임금의 급격한 인상과 기업 및 부자들에 대한 높은 세금, 학교선택권 축소, 그리고 통상에 대한 정부의 과도한 개입을 주장한다.

온라인으로 열람이 가능한 경제자유지표(Index of Economic Freedom)는 "자본주의" 국가들과 "사회주의" 국가들을 비교하기에 매우 좋은 자료다. 2020년 지표는 미국을 17위로, 즉 세계에서 17번째로 많은 경제적 자유를 누리는 "자본주의적" 나라로 순위를 매겼다. 덴마크는 8위로 미국보다 앞섰고 스웨덴은 22위로 미국보다 약간 뒤떨어져 있었다. 노르웨이는 27위였다.

예수는 사회주의자였을까

이 지표에서 마지막에 순위가 매겨진 국가들은 쿠바(178위)와 베네수엘라(179위), 그리고 북한(180위)이었다. 모두 사회주의 국가들이다. 이 나라들은 경제적 자유가 거의 없다. 그들은 세계에서 가장 가난한 나라들로도 여겨진다. 이는 결코 우연이 아니다.

덴마크와 스웨덴과 노르웨이의 경제는, 그들이 가지고 있는 사회주의가 아니라 그들이 파괴하지 않은 자본주의 시장 경제 때문에 성공적인 것이다. 그들은 감세와 규제 완화 그리고 민영화를 통해 과거 그들이 가지고 있던 사회주의적 요소들을 폐지했다. 그렇게 하지 않고 계속해서 사회주의를 추구한 나라가 바로 베네수엘라다.

사회주의는 곧 강제력

사회주의에 대한 이 많은 사실들을 어떻게 이해해야 할까? 중앙 계획 경제이든 복지국가주의이든, 집단주의적 평등주의이든 생산 수단의 정부 소유이든, 그 어떤 사회주의의 정의를 받아들이든 간에, 한 가지 근본적인 진실은 분명하다. 바로 모두 강제력으로 귀결된다는 것이다.

가령 이런 식이다. 시장 경제 사회에서는 두 명의 걸스카우트 여학생들이 문 앞에 서서 "쿠키 좀 사시겠어요?"라고 묻는다. 당신은 "예" 혹은 "아니오"로 응답할 수 있다. 사회주의 사회에서는 두 명의 걸스카우트 여학생들이 뒤에 특수기동대를 대동하고 문 앞에 나타나서 선포한다.

"이 쿠키들을 먹고 돈을 내세요."

사회주의자들이 내놓는 그 어떤 제안도 면밀히 잘 들어보면, 그들이 어떤 훌륭한 아이디어들을 내놓고 골라보라고 선택권을 제시하는 것이 아니라는 것을 확실히 알 수 있다. 그들의 "제안"은 언제나 정부의 명령이거나 규칙이거나 의무사항이다. 사회주의는 자발적인 것이 아니다. 그 본질은 강제력에 있다. 사회주의는 그 본질상 강제적인 것이다.

제아무리 "이것은 모두 당신을 위한 것"이라거나 "사람들을 돕는 것"이라는 미사여구를 늘어놓아도 그 자명한 본질은 없어지지 않는다. 사회주의를 사회주의답게 하는 것은 바로 당신이 그 강제적 의무에서 벗어날 선택권이 없다는 데에 있다. 케이토(Cato) 연구소의 데이비드 보아즈(David Boaz)는 다음과 같이 설득력 있게 표현한다.

개인의 선택과 자유를 체제기반으로 삼는 자유주의와 사회주의의 한 가지 차이는 이것이다. 바로 사회주의 사회는 자유를 누리는 사람들을 용납하지 못하는 반면, 자유주의 사회는 사람들이 자율적으로 사회주의를 선택하는 것도 얼마든지 허용한다는 것이다. 만약 어떤 사람들의 공동체가—정말 큰 공동체라 하더라도— 만약 그들이 공동으로 땅을 사서 공동으로 소유하기를 원한다면 그들은 얼마든지 그렇게 할 자유가 있다. 단지 자유주의의 법치는 그 어느 누구도 그런 공동체의 가입이나 소유의 포기를 강제할 수 없도록 보장해주는 것이다.

어떤 사회주의자들은 그들이 그저 "나눔"을 주장하는 것이며 그들의 의도는 선하기 때문에 사회주의도 자발적이고 유익한 것이라고 이야기한다. 문제는 사회주의가 결코 그렇게 자발적인 경우가 없다는 데 있다.

사회주의가 '자발적인' 경우는 앞서 이야기한 필그림 공동체나 뉴하모니 마을 같은 작은 공동체에서만 일어난다. 물론 그런 경우에도 금방 실패한다. 따라서 사회주의 체제 하에서 생활하기로 선택한 사람들도 이내 그것이 유익하지 못하다는 사실을 깨닫게 된다.

사회주의를 조금이라도 더 큰 규모로 이루어보려고 한다면 그것은 반드시 정부의 강제력을 필요로 한다. 만약 순전히 자발적인 것이라면 그것은 사회주의가 아닌 것이고, 그것이 정말 유익한 것이라면 그것은 그 체제를 만들고 유지하기 위해 강제력을 필요로 하지 않을 것이다.

언젠가 소셜 미디어에서 "너무 좋은 아이디어여서 강제적으로라도 도입해야 할 사회주의"라고 적힌 풍자를 본 적이 있다. 사회주의의 본질을 아주 잘 표현하고 있는 표현이다. 사회주의자들이 만들고자 하는 사회에 강제성이 없다면, 그것은 실체가 흐릿한 환상에 지나지 않는다.

미국의 보수주의 잡지 「내셔널리뷰」(*National Review*)의 케빈 윌리엄슨(Kevin D. Williamson)은 2015년 7월 기고한 글에, 사회주의와 복지국가주의는 "필요에 따라 총구로 강제된 단결성에 기초"하고 있다고 적절히 표현했다. 그리고 이 단결성에 대한 호소는, 그들이 말하는 정치 체제가 단순한 비유적 표현이 아니라 "그 체제 보존을 위해 소유, 이동의 자유, 표현의 자유, 집합의 자유와 같은 개인 기본권을 필요에 따라 박탈하고 제거할 수 있을 정도로 중대한 유기체로서의 국가와 및 인간집단을 의미"하는 미신적 이해임을 반영한다.

이만큼은 분명하다. 당신이 사회주의의 일부를 원하든지 원하지 않든지, 사회주의자들은 언제나 당신의 전체를 원한다는 것이다.

그래서 사회주의가 뭐라고?

사회주의에 대한 최소한의 일반적인 개념을 짚고 넘어가기 위해 이쯤에서 결론을 내려 보자.

생산 수단이 정부 관료들의 소유가 되거나 결과적으로 그들의 통제에 있도록 하기 위해 정부의 권력을 집중시킨다면, 그것은 사회주의를 말하는 것이다. 경제의 상당 부분이 시장의 힘, 즉 수요와 공급, 기업가의 진취성, 소비자의 선택, 손익 등이 아닌 정부 관료에 의해 계획되도록 정부의 권력을 집중시킨다면, 그것은 사회주의를 말하는 것이다. 소득을 평준화하고 부를 재분배하며 복지 국가를 만들기 위해 정부의 권력을 집중시킨다면, 그것은 사회주의를 말하는 것이다.

위의 어떤 목적을 달성하기 위해서라도 정부의 권력을 집중시키는 것은 상당한 강제력을 필요로 한다. 예수님은 과연 그 강제력을 지지하실까? 이제 다음 장에서 예수님은 그러지 않으실 것이라는 것을 설명하고자 한다.

기독교인이나 비기독교인이나 대부분 예수님이 위대한 이야기꾼이었다는 것은 인정한다. 그는 듣는 사람들이 익숙한 일상생활에서 그의 이야기를 풀어냈다. 그는 건축가, 씨 뿌리는 사람, 종, 세입자, 강도, 세리 등의 일반인들과, 무화과나무, 겨자씨 등 당시 일상적으로 접할 수 있었던 것들, 그리고 혼인식과 같은 일상의 사건들을 가지고 말씀하셨다. 예수님은 이러한 이야기들을 단순한 재미를 위해서가 아닌 특정한 가르침을 목적으로 말씀하셨다. 물론 때로는 그 완전한 의미와 함의를 이해하기 위해서 깊은 생각을 해야 하기도 했지만, 그는 청중이 충분히 이해할 수 있는 용어를 구사하셨다.

예수님의 이야기들을 '비유'라고 부른다. 신약성경의 공관복음서인 마태복음과 마가복음과 누가복음에는 다양한 분량의 비유가 거의 40편이나 담겨져 있다. 경제가 삶의 모든 것도 아닐 뿐더러 예수님의 주된 관심사도 아니었기 때문에 그 많은 이야기들 중 일부에만 경제와 관련된 함의가 있을 것이라고 추론할 수 있다. 일반적으로 그는 개인의 성품, 용서, 하늘나라, 하나님의 사랑과 공의, 혹은 믿음과 구원과 종말에 대해 이야기하셨다.

하지만 최소 세 편의 비유는 우리가 보통 경제의 범주라고 여기는 주제를 직접적으로 다룬다. 이 이야기들은 돈과 투자, 자선과 노사관계에 대한 교훈을 담고 있다. 이 중에서 혹시 사회주의자가 예수님께 공감을 얻을 만한 내용이 있을까? 가령 그가 자유 시장이나 사적 소유에 대해 부정적으로 묘사한다거나, 혹은 의무적인 부의 재분배라던가 소득을 평준화하기 위한 누진소득세, 생산소득의 국유화 혹은 경제의 중앙 계획에 대한 긍정적인 언급이 있을까?

없다. 단 한 번도 그런 언급을 하지 않으셨다. 오히려 정확히 그 반대다.

포도원의 일꾼 비유

마태복음 20장에 기록된 포도원 일꾼의 비유를 보자. 예수님은 포도원에 일꾼들을 고용한 땅주인의 이야기를 하셨다. 그 날 시간이 지나갈수록 더 많은 품꾼을 고용했던 것을 볼 때 포도원 주인은 포도가 상하기 전에 황급히 수확해야 하는 처지였을 것이다. 주인은 "이른 아침에" 집을 나가 첫 번째 일꾼들을 고용한다.

그가 하루 한 데나리온씩 품꾼들과 약속하여 포도원에 들여보내고, 또 제 삼시에 나가 보니 장터에 놀고 서 있는 사람들이 또 있는지라. 그들에게 이르되 "너희도 포도원에 들어가라. 내가 너희에게 상당하게 주리라" 하니 그들이 가고, 제 육시와 제 구시에 또 나가 그와 같이 하고 제 십일시에도 나가 보니 서 있는 사람들이 또 있는지라. 이르되 "너희는 어찌하여 종일토록 놀고 여기 서 있느냐?" 이르되 "우리를 품꾼으로 쓰는 이가 없음이니이다." 이르되 "너희도 포도원에 들어가라" 하니라. 저물매 포도원 주인이 청지기에게 이르되 품꾼들을 불러 "나중 온 자로부터 시작하여 먼저 온 자까지 삯을 주라" 하니, 제 십일시에 온 자들이 와서 한 데나리온씩을 받거늘, 먼저 온 자들이 와서 더 받을 줄 알았더니 그들도 한 데나리온씩 받은지라. 받은 후 집 주인을 원망하여 이르되, "나중 온 이 사람들은 한 시간밖에 일하지 아니하였거늘 그들을 종일 수고하며 더위를 견딘 우리와 같게 하였나이다." 주인이 그 중의 한 사람에게 대답하여 이르되 "친구여, 내가 네게 잘못한 것이 없노라. 네가 나와 한 데나리온의 약속을 하지 아니하였느냐? 네 것이나 가지고 가라. 나중 온 이 사람에게 너와 같이 주는 것이 내 뜻이니라. 내 것을 가지고 내 뜻대로 할 것이 아니냐? 내가 선하므로 네가 악하게 보느냐?"

이 비유의 구성 요소는 다음과 같다.

땅을 소유한 어느 땅 주인, 주인이 고용하고 각자의 보상 조건을 기꺼이 받아들이는 일꾼들, 시급의 큰 차이가 나는 고용조건, 노동은 선하며 게으름은 나쁘다는 암묵적인 가정, 부정이나 계약의 위반은 없었지만 제기되는 불공정과 불평등의 주장, 그리고 사적 소유권과 계약에 대한 분명한 교훈이다.

또한 수요와 공급의 원리도 작용한다고 볼 수 있다. 땅 주인은 날이 지나면서 아마도 일꾼들을 추가로 고용해서라도 그날의 추수를 마무리하기 위해 시급을 높여야 했을 것이다.

이 비유의 어느 부분도 사회주의를 지지하는 것으로 읽히지 않는다. 모든 것은 자율적인 자유 시장 원리에 근거한 것이다. 예수님은 정부를 한 번도 언급하지 않으셨고, 어떤 탐욕이나 착취가 있었다는 암시도 하지 않으셨다. 이야기의 하이라이트는 더 높은 시급을 받은 동료들에 대해 불평을 하는 일꾼들에게 한 주인의 말이다.

"내 것을 가지고 내 뜻대로 할 것이 아니냐?"

예수님이 만약 사회주의자였다면 이 이야기는 다른 결말이 있었을 것이다. 아마도 예수님은 집주인이 불공평했다고 질책하셨을 것이다. 그리고 정부가 나서서 집주인에게 처음 고용한 일꾼들의 시급을 높이도록 강요했을 것이다.

예수는 사회주의자였을까

혹 예수님이 주장하는 사회주의가 마르크스주의적 교리에 따른 것이었다면, 이 이야기에서 땅주인의 소유는 국유화되고 국가 운영의 공동체가 이루어졌을 것이다.

비유를 마치시고 하신 예수님의 말씀은 이것이다.

"이와 같이 나중 된 자로서 먼저 되고 먼저 된 자로서 나중 되리라."

신학자들은 이 말을 통해 이 비유를 이렇게 해석한다. 바로 유대인들이 하나님의 나라(포도원)에 먼저 부름 받았고 이방인들은 나중에 부름을 받았지만, 결국에는 모두 같은 상급을 얻는다는 것이다.

이 해석은 앞서 이야기한 보다 경제적인 해석과도 상반되지 않는다. 예수님의 비유가 사회주의가 아닌 사적경영의 근본에 기초되어 있다는 사실을 모른 체 할 수는 없는 것이다. 예수님이 만약 사회주의자였다면, 혹은 해당 문제에 대한 의견이 모호했다면, 그는 위와 같은 비유나 관점 혹은 교훈과 상반되는 다른 비유를 남겼을 것이다. 그런데 그런 비유가 있을까? 없다. 한 개도 없다.

달란트 비유

또 잘 알려진 달란트 비유를 보자. 여기서 달란트란 어떤 스킬이나 능력이 아닌 당시 가치가 높았던 동전을 의미한다. 그래서 일부 번역은 달란트라는 용어 대신 "금"이라는 용어를 쓰기도 한다.

이 비유에서 예수님은 세 명의 종들에게 자신의 재산을 맡기고 긴 여행을 떠난 어떤 사람의 이야기를 선한다(평등주의자들이 여기서 주목해야 할 것은 처음 각 종에게 맡겨진 금액이 똑같지 않았다는 사실이다). 마태복음의 25장은 이 비유를 다음과 같이 기록하고 있다.

각각 그 재능대로 한 사람에게는 금 다섯 달란트를, 한 사람에게는 두 달란트를, 한 사람에게는 한 달란트를 주고 떠났더니, 다섯 달란트 받은 자는 바로 가서 그것으로 장사하여 또 다섯 달란트를 남기고 두 달란트 받은 자도 그같이 하여 또 두 달란트를 남겼으되 한 달란트 받은 자는 가서 땅을 파고 그 주인의 돈을 감추어 두었더니 오랜 후에 그 종들의 주인이 돌아와 그들과 결산할 새 다섯 달란트 받았던 자는 다섯 달란트를 더 가지고 와서 이르되 "주인이여. 내게 다섯 달란트를 주셨는데 보소서. 내가 또 다섯 달란트를 남겼나이다." 그 주인이 이르되 "잘하였도다. 착하고 충성된 종아 네가 적은 일에 충성하였으매 내가 많은 것을 네게 맡기리니 네 주인의 즐거움에 참여할지어다" 하고, 두 달란트 받았던 자도 와서 이르되 "주인이여. 내게 두 달란트를 주셨는데 보소서. 내가 또 두 달란트를 남겼나이다." 그 주인이 이르되 "잘하였도다. 착하고 충성된 종아. 네가 적은 일에 충성하였으매 내가 많은 것을 네게 맡기리니 네 주인의 즐거움에 참여할지어다" 하고, 한 달란트 받았던 자는 와서 이르되 "주인이여. 당신은 굳은 사람이라 심지 않은 데서 거두고 헤치지 않은 데서 모으는 줄을 내가 알았으므로 두려워하여 나가서 당신의 달란트를 땅에 감추어 두었었나이다. 보소서 당신의 것을 가지셨나이다." 그 주인이 대답하여 이르되 "악하고 게으른 종아. 나는 심지 않은 데서 거두고 헤치지 않은 데서 모으는 줄로 네가 알았느냐? 그러면 네가 마땅히 내 돈을 취리하는 자들에게나 맡겼다가 내가 돌아와서 내 원금과 이자를 받게 하였을 것이니라" 하고 "그에게서 그 한 달란트를 빼앗아 열 달란트 가진 자에게 주라. 무릇 있는 자는 받아 풍족하게 되고 …"

이 이야기에 나오는 세 사람 중 맡겨진 돈으로 아무것도 하지 않은 한 사람은 징계를 받고 투자를 해서 이윤을 남긴 두 사람은 칭찬과 상금을 받았다. 더 나아가 땅주인은 가장 비생산적이었던 사람의 돈을 뺏어 가장 성공적인 사람에게 주기까지 했다. 일종의 재분배이지만 사회주의자들이 기대하는 것과는 정반대의 방향이다.

포도원 일꾼의 비유와 마찬가지로, 이 달란트 비유에서 예수님은 계약과 이윤, 그리고 사적 소유와 같은 필수적으로 중요한 자유 시장의 가치관을 또 다시 긍정하셨다.

선한 사마리아인의 비유

몇 년 전 나는 바하마(Bahama)의 어느 텔레비전 프로그램에서 인터뷰를 했다. 진행자는 당혹스럽다는 듯 이렇게 나에게 질문했다.

"리드 씨, 당신은 자본주의를 좋아하면서 동시에 기독교인이시라고요?"

그게 질문이었다. 그는 어떻게 기독교인이 자본주의자일 수 있냐는 황당함을 표현하고 있었다.

"네 저는 기독교 자본주의자입니다. 뭐 자본주의적인 기독교인이라고 불러도 좋습니다."

내가 대답했다. 그러자 그는 나를 당황스럽게 하려는 듯한 질문을 던졌다.

"선한 사마리아인의 비유는 어떻게 해석하시겠어요? 그 비유는 정부의 복지 프로그램과 재분배에 대한 교훈을 던지고 있지 않나요?"

이 질문은 이후에도 수도 없이 들었던 질문이다. 바하마에서 나에게 질문을 던진 텔레비전 진행자처럼, 사람들은 선한 사마리아인 비유가 나의 입장에 심각한 타격이라도 입힐 것으로 생각하는 듯 했다.

예수는 사회주의자였을까

누가복음 10장에 나오는 그 이야기를 한번 보자. 어떤 "율법 교사"가 어떻게 하면 영생을 얻을 수 있는지 묻자 예수님은 하나님과 이웃을 사랑하라는 명령을 다시 확인한다. 율법 교사는 자신의 행위를 정당화하려는 생각에 다시 묻는다.

"그러면 내 이웃이 누구니이까."

예수님은 다음의 이야기로 대답하신다.

"어떤 사람이 예루살렘에서 여리고로 내려가다가 강도를 만나매 강도들이 그 옷을 벗기고 때려 거의 죽은 것을 버리고 갔더라. 마침 한 제사장이 그 길로 내려가다가 그를 보고 피하여 지나가고 또 이와 같이 한 레위인도 그 곳에 이르러 그를 보고 피하여 지나가되, 어떤 사마리아 사람은 여행하는 중 거기 이르러 그를 보고 불쌍히 여겨 가까이 가서 기름과 포도주를 그 상처에 붓고 싸매고 자기 짐승에 태워 주막으로 데리고 가서 돌보아 주니라. 그 이튿날 그가 주막 주인에게 데나리온 둘을 내어 주며 이르되 '이 사람을 돌보아 주라 비용이 더 들면 내가 돌아올 때에 갚으리라' 하였으니, 네 생각에는 이 세 사람 중에 누가 강도 만난 자의 이웃이 되겠느냐?" 이르되 "자비를 베푼 자니이다." 예수께서 이르시되 "가서 너도 이와 같이 하라 하시니라."

이 비유에서 제사장은 불운한 사람을 지나가며 도움을 주기 위해 손가락 하나 까딱하지 않는다. 종교적이고 정치적인 기득권을 상징하는 레위인도 마찬가지였다. 이 이야기에서 "선하다"는 칭호를 얻는 사람은 누구일까. 바로 그 자리에서 즉시 자신의 자원과 자유의지를 통해 강도 만난 자를 스스로 도와준 사마리아인이다.

이 이야기가 개인의 솔선과 관대하게 남을 도우려는 정신을 옹호하는 이야기가 아니라면 무엇이겠는가. 선한 사마리아인은 도움이 필요한 사람에게 "황제에게 편지를 쓰시오"라거나 "당신의 복지담당관을 찾아가시오"라고 말하며 지나가지 않았다. 그는 그 상황을 바로잡기 위해 어떤 다른 사람에게 책임을 떠맡기지 않았다. 만약 그랬다면 그는 선한 사마리아인이 아닌 "아무런 쓸모없는 사마리아인"이라고 이름을 남겼을 것이다. 어떤 이름이라도 남겼다면 말이다.

당시 예수님의 청중들은 사마리아인을 외인으로 여기거나 심지어 적으로 여겼던 것도 생각해볼 일이다. 그들은 존경받는 제사장이나 레위인이 아닌 하층에 속한 사마리아인이 이 이야기의 영웅이라는 것에 적지 않은 충격을 받았을 것이다.

선한 사마리아인의 이야기는 도움이 필요한 사람에게 자발적으로 사랑과 자비를 베풀어야 한다는 교훈을 주고 있다. 이 비유는 사마리아인이 그 강도 만난 자에게 무언가를 빚지고 있다거나, 어떤 멀리 있는 정치인이 다른 사람의 돈으로 그 불운의 사람을 도와줘야 한다는 함의를 내포하고 있지 않다. 여기서 "선함"은 오로지 개인적이고 자비로운 것이고 자율적인 것이다.

이 사마리아인의 선함을 사회주의와 대조해보자. 앞서 이야기했듯이 사회주의의 본질은 그 강제성에 있다. 예수님은 사람들에게 서로 도울 것을 강조하셨지만, 그는 절대로—분명히 말하지만 단 한번도— 어떤 제3자의 강요를 통해서 서로 돕게 하라는 말씀을 하지 않았다. 선행은 언제나 개인적이고 자율적인 것이어야 했다.

예수님이 하신 말이나 혹은 하지 않으신 말씀 중 어떤 것도 사회주의자와 재분배주의자들의 주장을 지지하고 있지 않다. 예수님은 율법적이고 위선적인 바리새인들이 좋아하는 자선의 공개적인 선언 따위에 관심을 갖지 않으셨다. 그는 그들의 이기적이고 값싼 말들을 멀리하셨다. 그는 그러한 말들이 종종 불성실하며 실제 개개인의 행위를 나타내는 경우는 적다는 사실과 항상 그 말뿐으로 그친다는 것을 알고 계셨다.

오늘 예수님이 당신 앞에 나타났는데 당신이 그에게 이렇게 말한다고 생각해보라.

"내 마음의 자선을 증명하기 위해 저는 부자인 피터의 돈을 뺏어 가난한 폴에게 돈을 주겠다고 약속한 정치인들에게 투표했어요."

그는 별로 달갑게 여기지 않으실 것이다. 그것은 선한 사마리아인의 비유에서 제사장과 레위인의 행동과 다르지 않기 때문이다.

당신이 어떻게 투표하거나 당신이 무엇을 지지한다고 말하는 것이 당신을 선한 사람으로 만들지 않는다. 중요한 것은 당신이 어떤 마음을 가지고 있냐는 것이다. 그리고 당신의 마음은 당신이 스스로의 시간과 자원을 어떻게 사용하는지를 통해 드러난다.

사회주의자들은 항상 정치와 정부의 변혁에는 큰 관심이 있지만 그에 비해 개개인의 개혁이나 성품의 계발에는 거의 관심이 없다. 그들의 초점은 정치에 있을 뿐이다. 예수님이 정치 대신에 말씀하셨던 가장 가까운 주제들은 진실, 친절, 관대함, 책임, 인내, 겸손, 신실 등과 같은 개인의 자기 통제와 '자기 자신에 대한 통치'일 뿐이었다. 바리새인과 세리의 비유(눅 18:9-14)에서도, 하나님 앞에 세리가 구원을 받는 조건은 자신이 죄인이라는 사실에 대한 인정이었지 어떤 징세나 재분배의 행위가 아니었다.

나는 사회주의자가 예수 그리스도를 믿을 수 없다는 것을 이야기하는 것이 아니다. 물론 누구나 예수님을 믿고 스스로의 구세주로 받아들이면서도 동시에 세상의 많은 정치적, 경제적 문제에 대해 잘못된 판단을 내릴 수 있다. 우리는 어쨌든 창조주로부터 상당한 자유의지를 부여받은 인간

예수는 사회주의자였을까

들이기 때문이다. 하지만 만약 누군가 예수님의 비유들 중에서 그가 사회주의자였다는 증거를 찾아내려 한다면, 그것은 불가능하다는 것이다.

3장 · 부자들에 대해 (안)하신 말씀

내가 예수님은 사회주의자가 아니었다는 이야기를 할 때마다 나는 종종 다음과 같은 익숙한 반응을 접한다.

"예수님이 부자들에 대해 하신 말씀들을 보세요!"

이 말을 하는 사람들은 주로 마태복음 19장과 마가복음 10장의 이야기를 염두에 두고 있다. 어느 부자가 예수를 찾아와 어떻게 하면 영생을 얻을 수 있겠는지 묻는다. 그는 계명의 모든 것을 지켰다고 자부했지만 뭔가 부족하다고 느꼈다. 그의 양심이 무언가 더 해야 할 것이 있다고 말하고 있었다. 예수님은 그에게 "가서 네 소유를 팔아 가난한 자들에게 주라 그리하면 하늘에서 보화가 네게 있으리라 그리고 와서 나를 따르라"고 조언하셨다.

부자는 조언을 달갑게 받아들이지 못했다. 그는 세상의 재물을 버리지 못해 슬퍼하며 떠났다. 그리고 예수님은 제자들에게 돌아서서 많은 사람들이 부와 부자에 대한 징계로 해석하는 말씀을 하신다.

내가 진실로 너희에게 이르노니 부자는 천국에 들어가기

가 어려우니라. 다시 너희에게 말하노니 낙타가 바늘귀로 들어가는 것이 부자가 하나님의 나라에 들어가는 것보다 쉬우니라.

"바로 이거다!"라며 진보주의자들은 말할 것이다.

"예수님은 부자들을 싫어하셨어. 그는 어느 누구도 너무 많은 소유를 갖지 못하도록 하는 재분배 계획에 찬성하실 거야."라고 말이다.

MSNBC의 진행자 로렌스 오도넬은 이 이야기를 근거로 예수님이 부자의 "전부"를 빼앗는 것에 동의하셨을 것이며 예수님이 "누진소득세의 최초 옹호자"였다고 주장했다. 그러면서 오도넬은 "그리스도의 의로운 길(사회주의)을 따르든지 저주받은 자의 길을 따르든지 선택하라"고 결론 내렸다.

하지만 이 복음서 이야기에 대한 오도넬의 단편적이고 포괄적인 해석에는 심각한 비약이 있다. 예수님이 "가서 네 소유를 팔아 가난한 자들에게 주라"고 말씀하셨을 때 그 대상은 한 명의 개인이었다. 예수님은 그 사람의 믿음을 시험하고 계셨다. 그는 부자에게 위대한 제안, 즉 영생이 뒤따르는 제자의 길을 함께할 것을 묻고 계셨다. 부자에게 요구된 대가는 하나도 빠짐없는 온전한 헌신이었다. 또한 예수님의 가까운 제자들이 부자들이었다면 그를 따르는 많은

예수는 사회주의자였을까

사람들이 그의 메시지를 가난한 자신들(당시의 대다수의 사람들)과 무관한 것으로 여길 것을 알고 계셨다.

하지만 예수님이 이 가르침을 모든 사람에게 보편적인 것으로 의도하시고 말씀하셨을까? 만약 자신의 소유를 다 파는 것을 모든 사람에게 항상 주어진 명령으로 주셨다면, 그렇게 분명히 말씀하셨을 것이고 그를 따르는 많은 청중들에게도 그렇게 하라고 강조하셨을 것이다. 그러나 신약성경 어디에도 그런 가르침이 없다.

예수님의 말씀은 부자를 시기하거나 부자에게서 빼앗아야 한다거나, 혹은 가난한 자들에게 무료로 나눠주라는 것도 아니었다. 예수님의 말씀은 성품과 인격에 대한 것이었다. 이 가르침은 예수님의 다른 말씀들과 일치한다. 그는 (물질적 풍요만이 아닌 다양한) 많은 유혹들에 대해 경고하셨다. 어떤 사람들은 부를 다스리기보다 부가 자신들을 지배하도록 했다. 위대한 영국 정치인이자 정치 철학가였던 에드먼드 버크는 이렇게 말했다.

> 우리가 부를 지배하면 우리는 부유하고 자유로울 것이지만, 부가 우리를 지배하면 우리는 진정 가난한 것이다.

여러 곳을 두루 다니시면서 예수님은 부요함이 유혹이 되고 하나님의 말씀을 받아들이는데 장애가 된다는 말씀을 종종 하셨다. 예를 들어 씨를 뿌리는 자의 비유(마가복음 4장)에서 예수님은 "세상의 염려와 재물의 유혹과 기타 욕심이 들어와 말씀을 막아 결실하지 못하게" 한다고 말씀하셨다. 따라서 낙타와 바늘귀에 대한 그의 발언은 "우선순위를 분명히 하라"는 경고로 받아들이는 것이 합당하다. 즉(정치적 권력이나 물질적 풍요 등을 포함한) 세상 것들에 현혹되어 하나님을 멀리하지 말라는 교훈으로 말이다.

예수님은 자신들의 부로 인해 타락하고 진리를 보는 눈이 가리워진 사람들을 많이 목격하셨다. 그 중에는 물론 열두 제자 중 한 사람이면서 은돈 몇 푼에 팔아넘긴 가룟 유다도 있었다. 그 전에는 같은 이유로 예루살렘의 성전에서 돈 바꾸는 사람들을 내쫓기도 하셨다(마태복음 21:12-13). 이 사건도 사회주의자들과 진보주의자들이 자본주의자들의 사고파는 행위를 정죄하기 위해 종종 거론하는 성경이야기다. 하지만 이 사건이 일어난 장소를 주목해야 한다. 이 사건은 가장 거룩해야 할 예배의 장소, 즉 하나님의 집에서 일어났다. 예배가 목적이 아니라 자신의 주머니를 채우기 위한 목적을 가진 사람들이 그 곳을 더럽히고 있었다. 예수님의 책망은 이익을 위해 사고파는 행위 자체에 대한 것이 아니었다. 그런 것이었다면 성경 다른 곳에 기록된 그의 가르침과 충돌이 일어난다. 예수님의 가르침은 성전에서 그런 행위를 하지 말라는 것이었다. 비둘기를 파는 사람들을

예수는 사회주의자였을까

내쫓으시며 "내 아버지의 집으로 장사하는 집을 만들지 말라"고 말씀하셨다. 돈 바꾸는 사람들을 시장이나 은행에서 내쫓으신 것이 아니었다.

예수님이 물질적 유혹에 대해 경고하신 이유는 충분히 납득할 수 있다. 우리는 부유함이 얼마나 많은 사람들을 타락하게 하고 곁길로 빠지게 할 수 있는지 잘 안다. 거의 매주 마다 우리는 잘나가던 스타가 갑작스런 성공으로 인해 넘어지는 뉴스를 접한다. 부요함은 마약이나 불륜 등 자신과 자신의 가정을 파괴하는 행동들을 가능케 한다. 우리는 정치권, 사업, 연예계, 체육계, 종교계 등 인간의 모든 업종에서 이런 소식들을 쉽게 접할 수 있다.

하지만 한편으론 물질적 부요함의 영적 함정들을 성공적으로 극복해내는 강한 인격을 가지고 있는 많은 부자들도 있다. 나는 그런 선한 사람들을 많이 알고 있기 때문에 그들이 다른 그렇지 못한 사람들과 같이 취급되는 것이 얼마나 부당한 일인지 안다.

가난한 사람도 사실 마찬가지다. 가난하면서 강한 인격을 가진 사람들이 있는 반면, 약한 인격을 가지고 있는 사람들이 있다. 자신의 가난으로 하여금 스스로를 울분과 냉소로 가득차게 만들어 까칠하고 부정직해지는 사람이 있는 반면, 환경에 상관없이 자신의 청렴을 지켜내는 사람이 있다. 부가 우리를 자동적으로 나쁜 사람으로 만들지 않는 것처럼, 가난도 우리를 자동적으로 선한 사람으로 만들지 않는다.

예수님이 낙타와 바늘귀를 말씀하셨을 때 특정 소득 이상을 가진 사람들은 자동으로 천국에 들어가지 못한다는 것을 의미하신 것이 아니다. 그는 물질적 소유를 영원한 구원보다 우선적으로 여기는 사람이 얼마나 천국에 들어가기가 힘든지를 표현하신 것이다. 사실 이 말씀을 하시고 바로 다음에 하신 말씀이 바로 남자나 여자나 부자나 가난한 자나 어떤 사람도 스스로 구원할 수 없다는 말씀이었다.

사람으로는 할 수 없으나 하나님으로서는 다 하실 수 있느니라.

구원은 인종, 배경, 부와 상관없이 하나님의 은혜와 자원하는 마음이 필요한 것이다.

사회주의자들이 외면하는 부자의 정체

마태복음과 마가복음에 기록된 이 부자의 비유만 읽으면 이 부자가 탐욕스런 자본주의 상인이라고 잘못 가정할 수 있다. 하지만 이 이야기는 누가복음 18장에도 나온다. 여기서 이 부자는 "어떤 관리" 즉 일종의 행정 관료나 정치인으로 확인된다. 누가복음의 기록은 사회주의자들이 외면하는

예수는 사회주의자였을까

아주 중요한 요소를 말하고 있는 것이다. 바로 이 부자가 어느 정부 관료였다는 사실이다.

당시 정부 관료들의 부패는 악명 높았다. 로마 정부는 법치나 선한 통치보다 어떻게 하면 재원을 늘릴 수 있는지에만 관심이 있었다. 그들은 종종 세금 징수를 맡은 세리들을 통해 가능한 한 많은 돈을 갈취하고 함께 차액을 챙겼다. 이 비유에 나오는 관리가 얼마나 부패했는지는 물론 알 수 없다. 그는 모든 계명을 신실하게 지켰다고 자부했다. 하지만 그의 많은 부가 세금 징수의 강제적 권력을 통해 축적되었을 가능성은 있다.

돈은 "모든 악의 뿌리"?

예수님은 평화적인 상업을 통해 부를 축적하는 것이 잘못되었다는 뜻을 내비치지 않으셨다. 그는 단지 부가 그들의 인격을 지배하거나 부패시키지 못하게 할 것을 권고하셨다. 한편 예수님 스스로도 부자들의 부와 친분을 통해 도움을 얻으셨다. 예를 들어 누가복음 8장 1-3절에는 예수님이 제자들과 "각 성과 마을에 두루 다니"실 때 "헤롯의 청지기 구사의 아내 요안나와 수산나와 다른 여러 여자가 함께 하여 자기들의 소유로 그들을 섬기더라"고 기록하고 있다. 요안나는 당시 왕의 집에서 중책을 맡은 관리의 아내였다. 또한 예수님은 최소 한 번은 부자의 집에서 숙식을 해결하셨다(누가복음 19장 삭개오).

"그런데 성경 어딘가에 돈은 악하다는 가르침이 있지 않았나요?"라고 물을지 모르겠다. 그런 가르침은 없다. 사도 중 가장 위대했던 바울은, 잘 알려졌지만 종종 잘못 인용되는 디모데전서 6장 10절 말씀에서 '돈'이 곧 악의 뿌리라고 주장하지 않았다. 바울이 한 말은 다음과 같다.

> 돈을 사랑함이 일만 악의 뿌리가 되나니 이것을 탐내는 자들은 미혹을 받아 믿음에서 떠나 많은 근심으로써 자기를 찔렀도다.

'돈'과 '돈을 사랑함'은 어마어마한 차이다. 바울은 돈을 그 자체로 정죄하지 않았다. 그는 돈을 사랑하는 것이 인간의 탐욕을 드러낸다는 것을 알았다. 위대한 초대 교부였던 어거스틴은 바울이 왜 돈 그 자체는 문제가 되지 않는다고 보았는지 다음과 같이 설명한다.

> 단어의 엄격한 뜻을 따지자면 탐욕은 다름 아닌 돈에 대한 사랑을 말한다. 사도 바울이 탐욕을 이렇게 표현한 것은 그것이 어떤 특별한 것이 아니라 일반적인 것으로 드러내고자 했던 것이고, 탐욕을 그 폭넓은 의미로 전달하고자

예수는 사회주의자였을까

했던 것이다. … 바로 이 악덕 때문에 사탄이 넘어졌던 것이고 사실 돈을 사랑했다기보다 돈이 가져다주는 스스로의 권력을 사랑했던 것이다.

어거스틴은 어떤 종류의 탐욕이든 "자신에 대한 왜곡된 사랑"을 반영한다고 말했다.

마찬가지로 예수님도 돈이나 부를 그 자체로 매도하지 않으셨다. 누가복음 16장 19-31절에는 부자와 나사로 이야기가 나온다. 부자는 그의 부를 사랑하고 의지했던 반면 가난한 나사로는 하나님을 사랑하고 신뢰했다. 그들이 죽었을 때 부자는 지옥에 가고 나사로는 천국에 들어갔다.

하지만 이 이야기는 부에 대한 정죄라고 단순하게 볼 수 없다. 기독교 변증학자 사이먼 키스트메이커(Simon J. Kistemaker)는 그의 책 『비유: 예수님의 이야기 이해하기』(*The Parables: Understanding the Stories Jesus Told*)에서 왜 부자와 나사로가 각각 다른 결말을 맞았는지 설명하고 있다.

부자는 세상에서 악하게 살았기 때문에 지옥에 떨어진 것이 아니었다. 그의 친척들과 친구들은 그가 지방 유지였고 손님들을 환대하는 집주인이었다고 증언할 수 있었을 것이다. 그들은 많은 칭송과 추천의 말로 부자를 변호했을 것이다. 하지만 부자는 세상에서 그가 행한 어떤 일 때문에 지옥의 고통을 받을 만 했던 것이 아니라, 그가 하지 않은 것 때문에 지옥에 간 것이다. 그는 하나님과 이웃을 사랑하는 것을 소홀히 했다. 그는 하나님과 그의 말씀을 등한시한 것이다.

다시 말하지만 예수님에게 가장 중요했던 것은 물질적 부의 여부가 아니었다. 중요한 건 개인의 믿음이 어디에 놓여있는지에 대한 것이었다. 그리고 각자의 믿음에 대한 최후 평가는 사람이나 정부의 직권이 아니라 오로지 하나님의 직권에 달렸다.

산상수훈에서 예수님은 이렇게 말씀하셨다.

한 사람이 두 주인을 섬기지 못할 것이니 혹 이를 미워하고 저를 사랑하거나 혹 이를 중히 여기고 저를 경히 여김이라. 너희가 하나님과 재물을 겸하여 섬기지 못하느니라.

돈을 하나님처럼 여기고 섬기는 것, 즉 하나님 대신 돈을 우리 삶의 주인으로 모시는 것을 경계해야 한다. 하지만 하나님을 섬기면서 동시에 돈을 소유하지조차 못한다는 말씀은 절대 아니었다.

그럼에도 불구하고 성경은 이 중요한 사실에 대해서 분명하게 말하고 있다. 바로 각자의 믿음과 인격의 성숙을 통

예수는 사회주의자였을까

해 "하늘의 보물"을 쌓는 것이 이 세상에서 물질적 재물을 쌓는 것보다 더 낫다는 것이다. 전자는 영원한 것이고, 후자는 지나갈 것이다. 돈에 대한 오래된 교훈은 바로 이 세상을 떠날 때 그것을 가져갈 수 없다는 것이다.

평지설교

누가복음 6장에 보면 겉보기엔 사회주의 관점을 지지하시는 것 같은 예수님의 말씀들을 발견할 수 있다. 산에서 내려오신 후 "평지에서" 따르는 무리들에게 말씀하셨다고 해서 "평지설교"이라고도 부르는데 여기서 두 구절에 주목할 필요가 있다.

하나는 20절이다.

너희 가난한 자는 복이 있나니 하나님의 나라가 너희 것임이요.

또 다른 하나는 24절이다.

그러나 화 있을진저 너희 부요한 자여. 너희는 너희의 위로를 이미 받았도다.

예수님의 이 설교가 마태복음 5장에서 7장까지 기록된 산상수훈에 대한 누가의 기록인지, 아니면 아예 다른 상황에서 전해진 설교인지는 분명하지 않다. 신학자들도 의견이 분분하다. 하지만 여기에서 그 문제는 중요하지 않다. 중요한 건 이것이다. 여기서 예수님이 말씀하신 "가난한 자"는 산상수훈의 팔복에서처럼 "심령이 가난한 자"를 말씀하신 것인가, 아니면 물질적 소유가 없었던 사람들을 말씀하신 것인가? 또 예수님이 "화 있을진저 너희 부요한 자여"라고 말씀하실 때 그는 부의 축적에 대한 정죄였을까, 아니면 하나님보다 부를 우선순위로 삼는 자들에 대한 정죄였을까?

우선 첫 번째 질문에 대해서, 나의 친구이자 리버태리언 기독연구소(Libertarian Christian Institute)의 CEO인 더그 스튜어트(Doug Stewart)는 이렇게 말한다.

> 부자와 가난한 사람의 대조적인 묘사를 볼 때, 여기서 예수님은 단순히 영적 가난을 말하는 것이 아니라 물적 가난을 말하는 것 같다.

하지만 이것이 "어디에서든 모든 부요함"를 적대시하는 것이었을까? 스튜어트는 "예수님의 시대에 부자가 된다는 것은 무엇을 나타내고 어떤 것을 상징하는 것이었을까?"라는 질문을 통해 이 말씀의 중요한 역사적 맥락을 제공한다.

예수는 사회주의자였을까

신약성경은 지금 우리의 경제 및 정치사회적 상황과는 매우 다른 시대적 배경에서 써졌다. … 1세기에 부자가 된다는 것은, 자유 시장에서의 생산성 높은 활동을 통해 부를 창출한 것이 아니라, 가장 추악한 방법으로 노동을 착취하는 특권 계층에 속함으로써 가능한 것이었다. 또한 당시에 가난하다는 것은 근면 성실이 부족하거나 우연한 불운으로 인한 것이 아니었다. 당시의 경제적 지위는 오늘날 자유 시장에서 그러한 것처럼 유동적이지 못했고 사람들이 단순히 "사다리를 타고 올라갈" 수 있는 차원의 것이 아니었다. 또한 자본주의 사회에서처럼 광범위한 경제 성장이 시장 개방에 달려 있지도 않았다. 그렇다면, 예수님께서는 자율적 교환이 아닌 착취의 조건에서 악덕한 방식으로 부를 쌓은 부자에 대해서 마땅히 경고하셨을 것이라고 추측할 수 있는 것이다!

게다가 예수님 당시에는 대부분의 착취가 국가의 대리인이나 정부 관리의 측근들에 의해 이루어졌고, 유대교 랍비들에게도 그 영향력이 미치고 있었다. 또 다른 나의 친구이자 경제학자 제리 바우여(Jerry Bowyer)는 <어느 이웃의 선택>이라는 주간 라디오 방송에서 이 부분을 지적했다.

신약성경에 나오는 반(反)부자 구절들은 반드시 당시의 가난한 사람들에 대한 국가의 착취라는 맥락에서 읽어야 합니다. 경제활동이 활발했던 갈릴리에서 예수님이 부에 대해 누구를 정죄하신 기록은 복음서 어디에도 없습니다. 예수님이 부에 대해 문제시하셨던 것은 모두 당시 그 지역의 정치 수도였던 유대 지역에 내려가셨을 때였습니다.

스튜어트는 예수님이 "가난한 자는 복"이 있고 "부요한 자는 화"가 있다고 말씀하심을 통해 "당시의 추악한 사회 역학을 비판하신 것"이라고 결론 내린다. 따라서 이 구절을 가지고 오늘날의 부를 정죄하기는 어렵다. 자유 시장 아래서는 예수님 당시 그 지역에 만연했던 부패를 찾기 어렵다. 반면 우리는 그러한 부패가 오히려 "사회주의 치하에 만연"하다는 것을 볼 수 있다고 스튜어트는 지적한다.

강요나 부정이나 정치적 부패 없이 부의 창출과 자율적 교환, 그리고 공정하고 정직하게 고용인과 고객을 대함으로써 부자가 된 사람을 생각해보라. 게다가 그는 하나님을 잊지 않고 예수님을 구주로 영접한다고 생각해보자. 또한 그는 가난한 자들에게 자유롭고 관대하게 도움을 준다. 모든 계명을 지키며 그리스도인의 삶을 살려고 노력한다. 그가 잘못을 저질렀을 때는 회개의 간구를 하고 자신의 행위를 고치려고 한다. 예수님이 그에게 "화 있을진저"라고 정죄하실 것 같은가? 당연히 아니지 않는가. 만약 예수님이 그를 정죄하신다면 그것은 그가 구원과 속죄에 대해 이야

예수는 사회주의자였을까

기하신 다른 모든 말씀들과 모순되는 것이다.

스튜어트는 또 다른 중요한 점을 지적한다. 바로 예수님이 가난한 자는 복이 있고 부요한 자는 화가 있다고 말씀하신 직후에 "너희 원수를 사랑하라"고 말씀하셨다는 것이다.

> 적대하는 상대들을 연합시키기 위해 이보다 더 좋은 길이 있겠는가. 서로 사랑하고, 자신에게 잘못을 저지른 사람을 위해 기도하고, 다른 뺨을 돌려주는 것 말이다. 이것은 일방적인 충고가 아니라, 한쪽이 다른 쪽을 착취해 이익을 얻는 망가진 사회 구조를 고치는 포용적 접근이 아닐 수 없다.

예수님은 하나님 대신에 자신의 부를 더 믿었던 사람들과, 하나님을 무시하거나 모욕하는 방법으로 부를 착취하고 사용했던 사람들을 정죄하셨다. 이것은 신약성경 전체의 메시지와 일치된다. 이 정죄는 부자들을 단순히 부자라는 이유로 고발한 것이 아니다.

"부자"에 대한 악마화

그럼에도 오늘날 우리 사회에서는 부자들을 단순히 부자라는 이유로 공격하는 모습을 종종 볼 수 있다. 매 정치 시즌이 돌아올 때마다 "부자들"은 가장 인기가 좋은 샌드백인 듯하다. 각 정치 후보들은 부자들을 악마화 함으로써 유권자들의 표를 놓고 경쟁한다. 사회주의적 경향이 심한 후보일수록 이러한 경향은 더 두드러진다.

"가난한 자"를 비난하는 것은 정치 후보의 인기를 떨어뜨리는 것이고 동시에 바보 같은 짓이기도 하다. 우리는 모두 가난한 사람들 중에는 선한 사람과 나쁜 사람이 있고 또 좋은 선택을 한 사람과 나쁜 선택을 한 사람들이 있다는 것을 알고 있다. 우리는 물론 그 차이를 분명히 하고 그에 따라 판단을 내리길 원한다. 어떤 사람이 얼마나 많은, 혹은 얼마나 적은 부를 가지고 있는지는, 그 사람의 인종이나 성별이나 민족 출신이 그렇듯이, 그 사람의 인격의 됨됨이에 대해 아무것도 알려주지 않는다. 누군가 판단을 받아야 한다면, 그 판단은 그 사람의 선택들과 행동들, 즉 그 사람 본인의 악덕과 미덕에 근거해야 하는 것이지 그와 우연히 닮은 다른 사람의 악덕과 미덕으로 판단할 수 있는 것이 아니다.

하지만 많은 대통령 후보자 토론을 유심히 지켜보면 부자에 대한 다른 관점을 목격할 수 있다. 소득에 따른 편견을 대놓고 자랑한다. 청취자는 모두 부자들에게 피해를 입은 희생자이고 정치인은 그들의 구원자가 된다. 이 선동가는 선한 부자와 나쁜 부자를 구분하는 따위의 일은 굳이 원하지 않는다. 그는 부자들 모두를, 그들의 부 때문에 공격한다.

뉴욕시장 빌 디 블라시오(Bill De Blasio)는 이러한 소득 편

예수는 사회주의자였을까

견을 그의 대통령 선거 캠페인의 주된 의제로 삼았다. 2019 년 여름 그는 만약 대통령이 된다면, "부자들에게 죽어라 세금을 걷겠다(tax the hell out of the wealthy)"고 공약했다. 어느 민주당 대통령 경선 토론회에서는 자신의 캠페인에 후원할 것을 시청자들에게 요청하면서 "TaxTheHell.com(죽어라과 세.com)"이라는 자신의 웹사이트를 소개했다. 디 블라시오 의 대통령 선거 캠페인은 그다지 성공적이지 못했지만 그 의 부자들에 대한 공격은 많은 지지를 얻었다. 누구에게든 지 "죽어라 과세"를 하는 것은 자선이나 일자리 창출이나 경제 성장에 심각한 역효과를 낳는다는 것을 사람들은 아 랑곳하지 않았다.

또 다른 대통령 경선 후보이자 텍사스 하원의원이었던 베토 오로크(Beto O'Rourke)는 거의 모든 연설에서 부자들을 공격했다. 2019년 9월에 한 연설에서 그는 "부자들은 저소 득층 사람들이 그들과 함께 살도록 허용하든지, 아니면 허 용하도록 강제될 겁니다."라고 말했다. 그는 어떻게 이걸 강제하겠다는 것이었을까?(다른 행사에서 누군가 그에게 왜 당 신은 자선기록이 전혀 없냐고 묻자 그는 정치활동을 통해 이미 "기 부"하고 있다고 자랑하기도 했다. 그의 존재 자체가 소득공제라도 된 다는 말인가)

그런데 도대체 "부자들"은 정확히 누구를 말하는 것인 가? 정치 후보들은 이 단어를 정확히 정의하지 않는다. 그 이유는 유권자들이 스스로를 그 "부자"라는 범주에 들어간다고 생각하지 못하게 하고자 함이다. "부자들"의 명단에 누가 들어갈지 잠깐이라도 생각해보면 얼마나 이 선동이 교활하고 제멋대로인 것인지 알 수 있다.

먼저 오늘날 미국의 가난한 사람들이 예수님 당시의 풍요로운 사람들보다 여러 방면에서 더 나은 삶의 수준을 누리고 있다는 사실을 고려해야 한다. 현재 미국인들은 수돗물, 실내 배관, 전기, 수술을 위한 마취 그리고 모든 종류의 치료약과 백신 등, 예수님의 시절에는 상상할 수 없었던 혜택들을 누리고 있다. 이동 수단과 스마트폰과 텔레비전 등은 말할 것도 없다.

우리 시대 속에서도 사실 누가 부자이고 누가 부자가 아닌지 정확히 구분하기가 어렵다. 소득 수준의 얼마부터 "부자"로 여겨지는 것일까? 연간 50만 불(약 6억 원)을 벌지만 세 명의 자녀들을 대학에 보내고 수만 불의 주택담보대출을 갚고 있는 사람은 스스로 전혀 부자라고 느끼지 않을 것이다. 한편 자녀도 없고 빚도 없지만 연 2천만 원을 버는 사람은 또 느끼는 바가 다를 것이다.

그렇다면 우리는 억만 장자[1]를 부자라고 동의할 수 있을까? 사회주의자들은 우리가 억만 장자들을 증오하길 바란

---

1   미화 달러 기준

예수는 사회주의자였을까

다. 버니 샌더스 의원은 "억만 장자는 존재하면 안 된다"라고 까지 말한바 있다(나는 혹시나 해서 예수님이 하신 말씀 중에 누가 가지고 있는 물질적 소득 때문에 그를 "존재하면 안 된다"라고 했던 적이 있는지 신약성경을 뒤져보았지만 그런 비슷한 표현도 당연히 찾을 수 없었다).

그렇다면 억만 장자는 도대체 몇 명이나 있을까? 포브스 잡지는 억만 장자 명단을 매년 발표한다. 2019년에는 세계의 2,187명의 억만 장자 중 607명이 미국인이었다. 그런데 이 미국인들의 모든 재산을 동전까지 몰수한다고 해도 연방정부의 1년 지출액에도 미치지 못한다. 그 다음해에는 물론 억만 장자들이 아무도 남지 않았을 것이니 더 이상 몰수할 수 있는 재산이 없다.

백만장자는 어떨까? 미국의 총 인구는 3억 3천만 명이고 그 중 백만장자는 1천 2백만 명에 조금 못 미친다(여기서 백만장자란 채무를 뺀 자산이 백만 달러 이상인 사람을 말한다). 그런데 이 백만장자들은 처음부터 백만장자들이 아니었다. 그들은 자본을 긁어모아 다른 사람들이 감수하려 하거나 감수할 수 없는 모험을 감수해서 사람들을 고용하고 제품을 창조하고 충분한 고객들을 찾아낸 것이다. 그들은 그렇게 지출을 메꾸고 이익을 남겼다. 혹은 그 중에는 음악이나 체육 혹은 다른 분야에서 많은 관중을 끌어 모을 수 있는 자기만의 재능을 개발한 사람들도 있다.

랜드 폴(Rand Paul) 상원의원은 자신의 책 『사회주의에 대한 반론』(*The Case Against Socialism*)에서 사회주의자들과 그 진보주의 친구들이 절대 말하지 않는 한 가지 사실을 지적한다. 바로 그 "부자"들이 매년 바뀐다는 것이다.

> 좌파들이 1%의 가진 자들에 대해서 투덜거릴 때 알아야 할 중요한 사실은 바로 그 1%가 고정된 그룹이 아니라 소득의 변화에 따라 끊임없이 바뀌는 개인들이라는 것이다. 우리 진보주의 친구들은 어떤 특정의 배부른 자본가들 그룹을 두고 공격하는 것처럼 우리를 속이지만, 사실은 매년 새로운 사람들이 이 성공의 반열에 들어선다.

폴 의원은 갈수록 인기가 높아지는 증세 주장에 대해 다음과 같은 날카로운 질문을 던진다.

> 소득불평등이 충분히 파괴된다면 우리는 다음 스티브 잡스가 더 이상 기업가 정신을 발휘하지 않고 서핑만 하게 될 것을 걱정해야 하지 않을까?

사회주의자들은 언제나 백만장자들과 억만장자들에 집착하지만, 이들 부자들은 사회주의자들이 주장하는 정부 계획들에 자금을 대기에 충분하지 못하다. 미국뿐 아니라

예수는 사회주의자였을까

어디에서도 마찬가지다. 그래서 어느 나라가 사회주의적으로 변할 때마다 더 많은 중산층과 하류계층이 결국 피해를 입는 것이다. 사회주의 정책들과 "민주사회주의" 정책 등 진보주의자들의 입맛에 맞는 정책들은 결국 경제 축소와 삶의 수준 저하 및 정치권력의 확대로 귀결된다.

"재판장"이나 "나누는 자"가 아니었던 예수님

복음서에서 가져올 이 마지막 이야기는 부의 강제적 재분배라는 목적에 예수님을 들먹이려는 것이 얼마나 터무니없는 주장인지 더 잘 보여준다. 누가복음 12장은 예수님을 찾아와 자신에게 유리하도록 재산을 재분배해주길 원하는 어떤 사람의 이야기가 나온다.

선생님, 내 형을 명하여 유산을 나와 나누게 하소서.

예수님은 거절하시며 다음과 같이 꾸짖으신다.

이 사람아, 누가 나를 너희의 재판장이나 물건 나누는 자로 세웠느냐? 삼가 모든 탐심을 물리치라. 사람의 생명이 그 소유의 넉넉한 데 있지 아니하니라.

성경이 이렇게 분명하게 이야기하고 있는데도 불구하고 MSNBC의 로렌스 오도넬은 정부가 과격한 증세로 사람들의 모든 소득을 몰수하는 것을 예수님이 지지했을 것이라고 거짓말하고 있다.

예수님은 순식간에 사라질 세상의 부가 영적이고 영원한 진짜 상급을 바라보는 것을 막지 못하게 하라고 경고하셨다. 사회주의자들은 예수님의 가르침과 반대로 순식간에 사라질 세상의 부에 너무 집착하고 있다. 게다가 그들은 부에 집착하는 것을 넘어, 부를 창출하기보다 다른 사람의 부를 빼앗고 그 빼앗는 것을 공약으로 사람들의 표를 사가고 있다. 그리고 그 돈을 받는 수혜자들마저 그 돈에 의존하게 만들고 근로 의욕을 꺾고 있다.

예수는 사회주의자였을까

예수님이 사회주의자들의 주장을 지지할 것이라고 이야기하고 싶다면, 그들은 먼저 "탐욕을 경계하라"는 예수님의 말씀을 새겨들어야 한다. 윈스턴 처칠(Winston Churchill)은 이렇게 말했다.

> 사회주의는 실패의 철학(philosophy of failure)이요, 무지의 신조(creed of ignorance)이며, **시기의 복음(gospel of envy)**이다.

시기의 복음. 처칠은 정확했다. 사회주의자들은 "피해자"들을 선동하기 위해 항상 악당을 지목한다. 그것이 진짜이든 상상 속의 것이든 말이다. 악당 중에 가장 잘 활용되는 악당은, 앞서 살펴 본 바와 같이 "부자들"이다. 철학자 임마누엘 칸트(Immanuel Kant)는 시기심을 "자신의 잘됨이 감소하지 않는데도 불구하고 다른 사람의 잘됨을 괴로움으로 바라보는 경향"이라고 정의했다. 더 나아가 칸트는 시기심이 "우리가 얼마나 잘났는지를 보는 기준이 그 잘됨 자체의 고유한 가치가 아니라 타인의 잘됨과의 비교이기 때문에,

타인의 잘됨의 그늘에 가려 자신의 잘됨을 보지 않으려는 경향"이라고 말한다. 시기는 "소원일 뿐이지만 사실상 다른 사람의 행운을 파괴하고자 하는 목적을 띄고 있다"고까지 말했다.

시기는 인류의 역사만큼이나 뿌리가 깊다. 그것은 가인이 아벨을 죽인 동기가 되었다. 정치인들은 이를 강력한 도구로 삼았다. 오스트리아-독일의 사회학자 헬무트 쇠크(Helmut Schoeck)는 그의 고전 『시기: 사회행동이론』(*Envy: A Theory of Social Behavior*)에서 "실제 동기가 시기심일 때 종종 '인도주의적 동기'라고 주장하는데 이는 정치인들이 즐겨 쓰는 수사적 방법"이라고 쓰기도 했다(이 "인도주의적 동기"는 점점 활발해지는 "사회 정의" 운동의 핵심이 되었다).

시기와 질투는 여러 그늘이 있다. 자신의 복보다 타인의 복에 주목하면서 거래나 모방과 같은 평화로운 방법으로 스스로 그 복을 추구하는 것은 그나마 시기심의 덜 해로운 형태다. 보다 악의적인 형태는 이런 식이다. 다른 사람을 그 사람 자체나 그가 가진 것 때문에 증오하고 벌하려고 하며 이를 통해 어떤 방식으로든 자신이 이익을 얻으려는 것이다. 예를 들어 그 사람을 비난함을 통해 그가 가진 것을 취하거나 권력을 얻는 방식으로 말이다.

시기심의 최악의 형태는 고통 속의 평등이 그 어떤 불평등보다도 낫다고 생각하며 그 어느 누구도 성공한 사람의 것을 가지지 못하도록 행동을 취하는 것이다. 이 마지막 형태는 역사적으로 정치인들이 사용하는 수법에서 나타난다. 로마공화국의 슬픈 말미에 이 형태가 구현됐다. 그처럼 심각하고 광범위한 시기심의 선동과 실천이 그보다 더 끔찍한 결과를 낳은 역사의 순간을 알지 못한다.

성경에서 시기를 지지하는 내용은 당연히 찾을 수 없다. 마땅한 이유로 시기는 '일곱 죽을 죄' 중에 하나로 기록된다. 그것은 어마어마한 국가 권력을 집중하게 하며 그 대상(예를 들어 "부자")으로부터 시기하는 자의 영혼까지 모든 것을 파괴해버린다.

십계명은 시기심의 가까운 개념인 "탐심"에 대해 경고하고 있다. 잠언 14장 30절―"평온한 마음은 육신의 생명이나 시기는 뼈를 썩게 하느니라"―이나, 야고보서 3장 16절―"시기와 다툼이 있는 곳에는 혼란과 모든 악한 일이 있음이라"―에서처럼, 구약과 신약의 많은 구절들은 시기에 대해 경고하고 있다. 고린도전서에서도 사도 바울은 이렇게 썼다.

> 사랑은 오래 참고 사랑은 온유하며 시기하지 아니하며 사랑은 자랑하지 아니하며 교만하지 아니하며 무례히 행하지 아니하며 자기의 유익을 구하지 아니하며 성내지 아니하며 악한 것을 생각하지 아니하며 불의를 기뻐하지 아니

하며 진리와 함께 기뻐하고.

예수님 본인도 "사람에게서 나오는 그것이 사람을 더럽게 하느니라. 속에서 곧 사람의 마음에서 나오는 것은 악한 생각"들을 나열하시면서 그 중 "시기"를 말씀하셨다(마가복음 7장 20-22절).

기독교의 교리는 물질을 숭배하는 것이나 다름없는 욕심을 경계한다. 경제학자 토마스 소웰(Thomas Sowell)도 마찬가지로 욕심에 대해 말하면서 사회주의자들이 저지르는 한 가지 위선을 지적한다.

> 자신이 번 돈을 지키고자 하는 것은 '욕심'이라고 하면서 왜 다른 사람의 돈을 뺏는 것은 욕심이 아닐 수 있는지 나는 도무지 이해하지 못하겠다.

자신의 것이 아닌 다른 사람의 것을 탐하는 것이 욕심이라면, 사회주의자들이야말로 세상에서 가장 욕심이 많은 사람들이 아닐 수 없다. 누군가가 자신보다 더 많이 가지고 있다는 이유 때문에 정부의 권력을 이용해 그 사람의 소유를 몰수하려 하는 동기는 순수하다고 할 수 없다.

감사

성경은 시기에 대해 강력히 경고하시면서 동시에 시기심과 완전히 반대되는 한 가지 감성은 무수히 많이 강조하셨음을 찾을 수 있다. 바로 '감사'다. 예를 들어 마태복음 15장 36절에서 예수님은 "떡 일곱 개와 그 생선을 가지사 축사(감사)하시고 떼어 제자들에게 주시니 제자들이 무리에게 주매"라고 기록되어 있다. 요한복음 11장 41절과 42절에서는 예수님이 하늘을 보시며 "아버지여, 내 말을 들으신 것을 감사하나이다. 항상 내 말을 들으시는 줄을 내가 알았나이다. 그러나 이 말씀 하옵는 것은 둘러선 무리를 위함이니 곧 아버지께서 나를 보내신 것을 그들로 믿게 하려 함이니이다"라고 말씀하셨다.

2007년에 출간된 『감사: 감사의 과학은 어떻게 당신을 행복하게 만드나』(*Thanks!: How the New Science of Gratitude Can Make You Happier*)라는 책에서 심리학 교수인 로버트 에몬스(Robert A. Emmons) 박사는 이전에 연구가 비교적 많이 되지 않았던 '감사'에 대하여 획기적인 연구결과를 발표했다. 에몬스 박사는 감사를, 첫째로 자신에게 일어난 좋은 일을 인정하는 것이고 둘째로 자신이 아닌 다른 일이나 사람을 통해 이루어진 좋은 일을 인정하는 것이라고 정의한다.

에몬스 박사는 감사가 가진 능력을 수년간 연구했는데,

예수는 사회주의자였을까

그의 연구팀은 "감사한 사람은 기쁨, 열심, 사랑, 행복, 낙관 같은 긍정적인 감정을 훨씬 더 많이 경험하고, 감사를 꾸준히 실천하는 것은 시기심이나 미움이나 욕심, 혹은 괴로움 같은 파괴적인 충동에서 사람을 보호한다"는 것을 발견했다. 이는 사도 바울이 갈라디아서 5장 22절에서 말했던 "성령의 열매"를 생각나게 한다. 바로 사랑과 희락과 화평과 오래 참음과 자비와 양선과 충성과 온유와 절제다.

하지만 감사는 기독교인들만 누리는 권리가 아니다. 안네 프랑크(Anne Frank)의 경우를 보자. 그녀의 가족이 나치로부터 숨기 시작했을 때 그녀는 13살이었다. 유대인이었던 그녀의 가족은 1933년에 나치가 권력을 잡자 독일을 떠나 피난을 갔다. 그들은 암스테르담에서 간신히 피난처를 찾았지만 1940년 5월 히틀러가 네덜란드를 점령하자 그곳에 고립되었다. 2년 후 유대인에 대한 박해가 고조되자 프랑크 가족은 책장 뒤에 있는 좁은 비밀 공간에서 2년을 살아야 했다. 가족 모두가 비좁은 비밀 공간에 밀려들어가 매일을 살면서 언제라도 예고 없이 끌려 나가 죽음이 확실한 강제수용소에 보내질 수 있는 삶을 상상해보라.

결국 1944년 8월 나치는 숨어있는 안네와 그녀의 가족들을 발견했고 그들은 베르겐-벨젠(Bergen-Belsen) 강제수용소에 보내진다. 안네는 자신의 16번째 생일로부터 3개월 전이자 연합군이 강제수용소를 해방하기 불과 1개월 전인 1945

년 3월에 사망한다.

하지만 이 기간 동안 안네가 지니고 있었던 일기장은 그러한 경악할 공포 속에서도 그녀가 지니고 있었던 경이로운 수준의 낙관을 증거하고 있다. 이 일기장은 『안네의 일기』라는 이름으로 사후 출간되어 세계에서 가장 잘 알려진 도서 중 하나가 되었다. 이 작은 소녀는 그 어두운 세상 속에서 어떻게 그 많은 빛을 볼 수 있었던 것일까?

암스테르담 비밀 공간에서 안네는 이렇게 썼다.

세상을 바꾸기 위해 기다리지 않고, 당장 조금씩이라도 무언가를 시작할 수 있다는 것이 얼마나 놀라운 일인가.

1944년 4월 5일자 기록은 읽는 모든 사람의 마음에 깊은 울림을 준다.

나는 대부분의 사람들처럼 헛되게 살고 싶지 않아. 나는 내가 한 번도 만나지 않은 사람까지 모든 이에게 쓸모 있는, 기쁨을 주는 사람이 되고 싶어.

그녀의 일기는 이렇게 희망을 주는 감성으로 충만하다. 다른 사람이라면 언제 발견될지 모르는 두려움 속에서 궁핍과 공포에 대한 끊임없는 기록을 남겼을 것이다. 하지만

예수는 사회주의자였을까

안네는 달랐다. 물론 안네의 일기에도 어두운 순간들과 실망과 의심의 솔직한 고백이 담겨있다. 하지만 그녀의 기분이 처지고 꺼지나 싶을 때마다 그녀는 다음과 같이 고백했음을 기록하고 있다.

> 모든 것에도 불구하고 나는 사람들의 마음은 사실 선하다고 믿어.

안네 프랑크의 일기는 긍정과 희망과 다른 사람에 대한 섬김, 무엇보다 전쟁으로 찢어진 세상에서도 좋은 일에 감사하는 태도를 잘 전해주고 있다.

"감사는 경이로움으로 두 배가 된 행복"

사회주의와 재분배주의에 대한 논의를 위해서라도 감사에 대한 충분한 이해는 필수적이다. 대부분의 사회주의자들과 진보주의자들이 삶에 대해 취하는 태도는 분명하다. 그들은 "부자들", "체제", "불평등" 등에 대한 정죄와 극심한 분노의 관점으로 모든 것을 바라보는 경향이 뚜렷하다.

저명한 정치 사상가 유벌 레빈(Yuval Levin)은 다음의 아주 명료한 사실을 지적했다. 바로 보수주의자들과 자유주의자들은 "사회의 좋은 것과 성공적인 것에 대한 감사로 시작해서 그 위에 더 좋은 것을 쌓으려고 노력"하는 반면, 진보주의자들은 "나쁜 것과 망가진 것에 대한 분노로 시작해 그것을 뿌리째 뽑으려한다"는 것이다.

그래서 우리는 사회주의자들로부터 "부자"들이 창출한 부에 대해 감사보다 공격하는 소리를 듣게 된다. 그들은 "부자들"이 만든 일자리를 비롯해 시민들에게 제공하는 수많은 제품과 서비스에 대해 감사하기보다 "왜 이건 안 만들었어!"라고 소리치며 공격한다.

2018년 8월 「리즌」(Reason)이라는 잡지의 칼럼에서 저자 데이빗 하사니(David Harsanyi)는 이런 사회주의자들의 사고방식을 다음과 같이 잘 표현했다.

사회주의자들은 모든 불공평과 모든 욕심 많은 범죄자들의 행동, 그리고 모든 실패와 사회악을 자본주의의 부당함 탓으로 돌린다. 하지만 그들은 자본주의야말로 역사 속에서 가난을 퇴치한 가장 효과적인 방법이었다는 것을 인정하지 않는다. 과거 사회주의 국가였던 인도는 오늘날 자본주의의 확장으로 인해 빈곤이 크게 감소되었다. 중국에서는 여전히 공산주의가 수십억 사람들의 기본 권리를 박탈하고 있지만, 그럼에도 사회주의 체제를 조금 벗어나려고 하는 경제 체제로 인해 수억 명의 사람들이 그나마 혜택을 받고 있다. 소련의 붕괴 이후 세계의 빈곤율은 절반으

예수는 사회주의자였을까

로 줄어들었다. 그것은 분명 동남아시아에서 최저임금을 올렸기 때문에 일어난 일이 아니다.

에몬스 박사가 연구를 통해 입증했듯이 감사의 태도는 삶을 풍요롭게 한다. 감사는 삶을 일으켜 세우고 활기를 북돋아주며 영감을 주고 변화시킨다. 그의 연구는 감사가 행복에 있어서 필수적이라는 사실에 더해 그 행복이 기대 수명을 9년이나 늘려준다는 결과도 내놓았다.

감사는 단순히 따뜻한 감성이 아니다. 감사는 자동적으로 얼떨결에 오는 감정도 아니다. 많은 사람들은 감사를 너무 적게 느끼고 표현한다. 그러나 스스로 감사한다고 생각할수록 더 많은 감사의 이유를 찾게 된다. 그리고 감사하는 것은 그 행위의 도덕적이고 지적인 수고를 보상하고도 남는 충분한 만족감을 선사한다.

영국의 작가이자 시인이자 철학가인 G. K. 체스터톤 (Chesterton)은 이렇게 말했다.

나는 감사가 생각의 가장 높은 형태이며, 경이로움으로 인해 두 배가 된 행복이라고 생각한다.

체스터톤이 말한 '경이로움'에 대해서 생각해보라. 그것은 '경외감'과 '놀라움'을 의미한다. 감사하지 못한 사람은 우리 주변을 둘러싸고 있는 대단한 아름다움과 선물과 성취에도 불구하고 좀체 경외감이나 놀라움을 느끼지 못한다.

경이로움은 경탄할 만하다

경이로움의 부족은 세상의 많은 오류와 불행의 원인이다. 모두를 놀라게 할 많은 것들이 대수롭지 않거나 당연한 권리로 여겨지고 있다. 우리는 노동력을 덜고 삶을 풍요롭게 하는 발명품들을 끊임없이 만들어내고 있다. 우리는 식량과 신발과 책들까지 모든 것이 충만한 시장의 풍요에 둘러싸여 있다. 그리 멀지 않은 과거에는 수주나 수개월이 걸렸던 거리들을 이제는 단 몇 시간 만에 이동할 수 있다. 미국의 경우 60세 기대 수명은 1900년 이후 최고 8년이나 늘어났고 출생 후 기대 수명은 무려 30년이나 늘어났다. 1900년 3대 사망 원인은 폐렴과 결핵과 위장 질환이었다. 오늘날 우리는 훨씬 더 건강한 삶을 살고 있으며, 주로 퇴행성 질환과 노화로 인한 질병으로 죽음에 이를 정도로 오래 살고 있다.

통신과 수송의 기술은 지난 한 세기 동안 어마어마한 발전을 해서 그 성취의 기록을 한 도서관에 다 담지 못할 정도다. 나는 아직도 이동하는 차 안에서 혹은 가까운 커피숍에서 전화기의 앱을 통해 중국에 있는 친구에게 전화할 수 있다는 사실에 매일 경탄한다. 매번 대륙 횡단 비행기를 탈

때마다 옆 좌석에 앉은 사람은 자신의 오믈렛에 케첩이 없다는 등의 이유로 불평거리를 찾곤 하지만, 나는 그 이동수단이 주는 경이로움을 떨치지 못하곤 한다.

경이로움을 자아내는 이러한 모든 것들은 결코 당연한 것도, 자동적인 것도, 보장된 것도 아니었다. 이것들 거의 대부분은 누군가의 명령 때문이 아니라, 우리에게 좋은 것을 주는 성취감과 보상 때문에 자신의 창의력을 발휘한 사람들의 인센티브와 사리 추구와 이윤 동기에 의한 것이었다. 사회주의자들은 인정하기 싫겠지만 이 세상의 좋은 것들 중 대부분은 국가가 아니라 매일의 일상에서 겪는 개인의 자율적이고 평화롭고 상호 이익을 추구하는 계약 관계에서 비롯된 것들이다. 누군가는 이를 보고 놀라워하며 감사한다. 다른 누군가는 이를 보고 복에 겨워 감사하지 않는다. 당신은 어떤가?

안네 프랑크의 메시지는 우리에게 상황이 어떠하든지 우리가 우리와 우리 주변의 삶을 밝힐 수 있다는 것을 상기시켜준다. 안네 프랑크처럼 불우하고 소외되고 위기에 직면한 사람이 감사함을 발휘할 수 있다면, 당신이 오늘 감사하지 않을 변명이 무엇이 있겠는가? 우리가 가지고 있는 많은 문제들에도 불구하고 우리가 누리고 있는 풍요와 기회로 인해 우리는 지극히 감사할 이유가 충분하다. 그것은 우리의 물질적 풍요로움 때문만이 아니라 그 풍요를 가능하게 하는 주변의 노동자들, 농부들, 투자자들, 은행원들, 서비스업 종사자들, 어머니들과 아버지들, 선생님들, 그리고 사회 각계각층의 사람들에 대한 감사다. 물론 "부자들"에 대한 감사도 마찬가지다.

감사한 나의 영웅들

자신의 복을 세기보다 다른 사람의 복을 엿보는데 급급하다면, 당연히 감사의 마음을 기르기 어렵다. 그렇다면 당장 감사의 정신을 발휘해 사회주의자들이 공격하기 즐겨하는 그 "부자들" 중에서 우리가 마땅히 감사해야 할 영웅들을 찾아보자.

그 중 한 명은 히커리농장(Hickory Farms)의 창립자인 리처드 K. 랜섬(Richard K. Ransom)이다. 나는 2016년 96세에 랜섬이 사망한 뒤에야 그에 대해 알게 되었다. 그에 대한 「뉴욕타임스」의 추모 기사를 보면 2차 세계대전의 태평양 전쟁터에서 돌아온 젊은 랜섬이 어떻게 히커리농장을 시작하게 되었는지 알 수 있다.

[랜섬은] 부모님의 도매 상업을 도와 야채 트럭을 몰고 오하이오의 시골을 다니는 일에 싫증이 났다. 그래서 그는 꽃 박람회와 보트 전시회에서 수제 치즈를 팔기 시작했다.

예수는 사회주의자였을까

곧이어 치즈에 서머소시지[1]를 추가하고 중서부까지 영역을 확장했다. 그리고 1980년에 사업을 매각할 때까지 히커리농장은 연매출 1억 6천4백만 달러의 스페셜티 식품업으로 성장했다.

랜섬의 가게가 당시 업계에서 선구적이었던 특징이 있었는데 바로 무료 샘플을 제공하는 것이었다. 무료 치즈, 무료 소시지, 무료 크래커를 제공했다. 고객이 될지 안 될지 모르는 사람들을 위해 식품을 무료로 먼저 주는 것은 획기적인 시도였다. 물론 그의 제품은 큰 사랑을 받았기 때문에 많은 사람들이 금방 고객이 되었다.

랜섬은 선하고 보람이 가득 찬 삶을 살았던 것으로 보인다. 그는 그가 속한 공동체에서의 자선 활동을 활발하게 펼쳤고 한 아내와 63년을 함께 했으며 자녀 넷, 손주 아홉, 증손주 열 두명을 두었다. 지역 은행과 어느 사립 학교, 그리고 톨레도(Toledo) 동물원의 이사장을 역임했고, 오키나와섬의 아이들이 당하는 고통을 목격한 이후로는 지속적으로 아동 관련 자선 단체를 위해 모금 활동을 했다.

「톨레도블레이드」(*Toledo Blade*)라는 잡지에서 랜섬의 오

---

1   돼지 살코기를 주원료로 하여, 발효 후 고온에서 훈연한 일종의 반건조 소시지

랜 동료는 이렇게 증언한다.

> 그는 정직과 청렴 같은 정말 좋은 기본 가치관을 가지고
> 있었어요. 그는 사람들과 진심으로 공감해 줄 수 있었고
> 평생을 함께 할 수 있는 위대한 친구들을 만들었지요.

그는 아무것도 없는 상황에서 훌륭한 기업을 건설해 낸
사람이었다. 그는 수많은 사람들에게 좋은 제품과 서비스
를 제공했고 많은 사람에게 일자리를 주었다. 그런데 오로
지 그가 매우 성공적인 사람이었다는 이유 때문에 누군가
는 그를 "1%" 고소득자라며 혐오하는 것이다. 하지만 그의
개인적 자산은 그가 창출한 것의 아주 적은 부분일 뿐이다.
그리고 그것은 그가 감수한 위험 부담에 우리 모두가 지불
한 마땅한 대가였다. 그와 그의 기업은 수년 동안 수백만
불의 세금을 지불했고 그 돈은 정치인들과 관료들에 의해
어디론가 허비됐다. 그는 놀라운 자선 사업을 시작해 많은
사람에게 관대한 후원자가 되었다.

도대체 누가 어떤 뒤틀린 정의감으로 랜섬과 같은 인물
에게 경멸과 조롱을 보낼 수 있는가? 그가 창출한 부가 다
른 어느 누구 한 사람이라도 가난하게 만들었는가? 그는
세상에서 그가 취한 것보다 훨씬 더 많은 것을 세상에 베
풀었다.

나는 랜섬은 개인적으로 알지 못했지만, 다른 영웅들은 알고 있다. 그 중 한 명이 경제교육재단(FEE)의 이사 윌리엄 로우(William Law)다. 빌(윌리엄)은 오랫동안 커다히 태닝(Cudahy Tanning)이라는 회사의 CEO였다. 나는 그를 능숙한 비즈니스맨이자 친절하고 관대한 사람으로 기억한다. 그리고 그는 원칙에 충실한 사람이었다. 그가 속한 업종의 많은 사람들이 외국의 경쟁자들을 쫓아내달라고 정부에 소리치며 요구할 때, 빌은 정부에게 공권력을 사용하도록 요구해 경쟁자들에게 불이익을 줄 수 없다고 단호하게 말했다. 그에게 그것은 비겁한 일이었다.

또 다른 사람은 나와 가까운 친구이자 내가 대단히 존경하는 에쎌메 험프리스(Ethelmae Humphreys)다. 1950년대 그녀는 미주리 주 죠플린(Joplin)에서 TAMKO라는 건축자재 제조업을 시작했다. 아마도 그녀는 지붕 자재 업계에서 유일한 여성 경영인이었을 것이다. 게다가 그녀는 불과 20대였다! 에쎌메는 이런 말을 한 적이 있다.

> 물론 내가 내 주제를 넘어선 일을 한다고 언젠가 생각했어요. 하지만 그런 환경이 저를 좌절시키지 못했어요. 왜냐하면 나는 내가 마음을 먹고 달려든다면 못할 일은 없다고 항상 사람들이 말해주었고 나는 그렇게 믿었기 때문이에요. 그래서 난 내 일을 계속했을 뿐이에요.

그녀는 TAMKO에서 경영인으로, 또 수십 년 동안 TAMKO의 이사장으로 섬기면서 회사를 작은 지역의 간판 제조업에서부터 번창하는 전국적 기업으로 성장시켰다. 에 �쎌메가 가졌던 원칙은 그녀 회사의 것과 같다.

열심히 일하고 최선을 다하며, 공정하고 정직하라. 그리고 그렇게 할 수 있다고 신뢰가 가는 사람들을 고용하라.

나는 그녀의 성품과 자질과 성취를 존경하는 수많은 사 람 중 한 사람일 뿐이다.

네드 갤런(Ned Gallun)은 비즈니스 세계에서 또 한 명의 영웅이다. 1958년에 네드는 그의 고향 위스콘신 주 메이빌 (Mayville)에서 어느 회사를 매입했다. 그는 회사의 이름을 '메이빌 메탈크래프트(Metalcraft of Mayville)'로 바꾸고 회사를 업계 선두기업으로 키워냈다. 오늘날까지 메이빌 메탈크래 프트는 돈으로 살 수 있는 최고의 상업용 잔디 깎는 기계 및 잔디 관리 용품을 생산하고 있다. 경기가 좋을 때나 나 쁠 때나 네드의 회사는 지속적으로 성장했고 현재 직접 고 용인이 수천 명에 이른다. 네드는 개인적으로 참 다정한 사 람이기도 하다.

나는 세상의 리처드 랜섬들, 빌 로우들, 에쎌메 험프리스 들, 그리고 네드 갤런 들에게 감사한다. 그들은 아무도 시

예수는 사회주의자였을까

키지 않았지만 수많은 사람들의 삶을 풍족하게 하는 일에 너무 많이 기여했다. 그들이 부정직하거나 정부 연줄을 통한 방법으로 부를 쌓은 일부 사람들과 함께 묶여 비난 받는 것은 너무도 부당한 일이다.

정치 외에 다른 무대에서라면, 그렇게 특정 사람들을 일반화하여 악마화 하는 것은 심각한 편견이라고 여겼을 것이다. 그런 시도는 선동가의 얄팍한 논리에 불과하다는 것을 모두가 알았을 것이다. 그러한 선동은 부주의하고 잔인하고 무지한 것이기 때문이다. 하지만 오늘날 미국에서 부자를 악마화 하는 이 "시기의 복음"은 매우 크고 시끄러운 군중을 모으고 있다. 많은 정치인들은 지금 리처드 랜섬과 같은 사람들이 행한 선한 일에 우리가 감사하기보다 그들이 왜 더 많이 주지 않았는지에 대하여 화를 내야 한다고 주장한다. 그건 시기로밖에 보이지 않는다.

크든 작든, 정부는 사회에서 유일하게 강제력을 사용할 법적 독점권을 가지고 있는 존재다. 이건 과장이 아닌 엄연한 사실이다. 정부는 걸스카우트나 로터리클럽이 아니다. 정부는 교도소가 있고 총이 있다.

해악을 끼치는 사람을 처벌함으로써 정부가 평안을 유지하고, 공정하고 정직한 사법체계를 통해 분쟁을 조정하며, 법 앞에 모든 사람들을 동등하게 대한다면, 시민사회와 상업은 번창할 것이다. 그렇다면 정부는 선한 영향력을 행사하는 것이다. 정부가 이렇게 기초적인 기능만을 할 수 있도록 제한한 나라는, 시민들과 시장을 통해 창조하고 혁신을 이루어 삶의 수준을 높일 수 있게 한다. 하지만 정부가 평화로운 사람들의 삶과 경제를 세세하게 통제하고 관리하도록 허락된 나라는 매우 다른 결과를 낳는다. 이런 나라들은 반드시 부패와 폭력과 폭정, 그리고 빈곤을 낳는다.

1801년 첫 취임연설에서 미국의 3대 대통령 토마스 제퍼슨(Thomas Jefferson)은 이 요점을 다음과 같이 잘 표현했다.

동료 시민 여러분, 한 가지만 더 말씀드리겠습니다. 지혜
롭고 알뜰한 정부는 사람들이 서로를 다치게 하지 않도록
제한하되, 그 외 각자의 사업과 개선의 추구를 자유롭게
스스로 조정할 수 있도록 놔두고, 각자의 노동으로 얻은
빵을 그 입에서 빼앗지 않습니다. 이것이 바로 좋은 정부
의 전부입니다.

정부가 국민들을 상대로 더 많은 강제력을 행사할수록
피통치자의 선택은 통치자의 변덕에 더 많이 종속되게 된
다. 어떤 독자는 이렇게 항의할지 모르겠다. "사회주의"하
겠다는 것은 단순히 "공유"하고 "서로 돕는" 것이라고 말이
다. 하지만 '어떻게' 그런 사회주의를 실현하고 서로 돕겠다
는 것인가? 여기서 바로 그 '어떻게'가 어떤 체제를 의미하
는지 정의한다. 강제력을 통해 한다면 그것은 사회주의다.
설득과 자유의지와 소유권에 대한 존중을 통해 한다면 그
것은 사회주의와는 완전히 다른 것이다.

비사회주의적인 시장기반의(혹은 자본주의적인) 사회에
서 서로 자유롭게 공유하는 것은 얼마든지 가능하다는 것
을 기억해야 한다. 아마도 오히려 사회주의 사회보다 자본
주의 사회에서 훨씬 더 많은 공유가 이루어질 것이다. 단지
그것은 강제적이지 않을 뿐이다. 또한 비사회주의적인 시
장기반의 사회에서 서로 돕는 것도 얼마든지 자유롭다. 아

예수는 사회주의자였을까

마도 사회주의 사회보다 자본주의 사회에서 오히려 서로 자율적으로 돕는 일이 훨씬 더 많이 일어날 것이다. 미국에서 허리케인이 오면 월마트나 와플하우스, 적십자 같은 사적 기관들이 다른 대부분의 나라들처럼 정부가 지원하는 것보다 더 많은 사람을 돕는다. 궁핍한 사람에게 도움을 주는 것으로 따지자면 사실 자본주의 생산력의 역량을 따라갈 다른 어떤 정부나 체제가 이 세상에는 없다.

"잠깐만요"라고 할지 모르겠다. 세금을 내는 것이 옳으냐는 질문에 예수님은 정부를, 그것도 꽤 큰 로마 제국의 정부를 지지하지 않았냐는 것이다. 바리새인은 예수님이 세금 내는 것을 비난하도록 함정에 빠뜨리려고 했다. 예수님은 대신 이렇게 대답하셨다.

> 가이사의 것은 가이사에게, 하나님의 것은 하나님에게 바치라.

이 내용은 마태복음 22장 15-22절, 마가복음 12장 13-17절, 그리고 누가복음 20장 19-25절에 모두 기록되어 있다. 누가복음의 기록을 보면 바리새인들의 이 질문 뒤에는 사악한 의도가 있음을 잘 알 수 있다.

> 서기관들과 대제사장들이 예수의 이 비유는 자기들을 가

리켜 말씀하심인 줄 알고 즉시 잡고자 하되 백성을 두려워하더라. 이에 그들이 엿보다가 예수를 총독의 다스림과 권세 아래에 넘기려 하여 정탐들을 보내어 그들로 스스로 의인인 체하며 예수의 말을 책잡게 하니

여기서 예수님이 하신 말씀을 다시 살펴보자.

"가이사의 것은 가이사에게, 그리고 하나님의 것은 하나님에게 바치라."

여기서 쟁점은 가이사에게 속한 것이 무엇이며 가이사에게 속하지 않은 것이 무엇인지에 달려있다. 이 차이는 사실 소유권에 대한 강력한 인정이기도 하다. "누구의 것"이라 함은 그의 소유권을 가정하고 있기 때문이다. 또한 이 소유권을 어떤 불투명한 집단에게 돌리지 않고 특정 개인(가이사)에게 돌리고 있다. 그는 바리새인들의 함정을 현명하게 우회하셨다. 모든 정부를 반대하는 무정부주의자라도 소유의 정당한 권리에 대한 예수님의 말씀은 인정할 수 있을 것이다.

예수님께서 "바치라"라고 대답하신 것은 정부가 세상에서 일시적인 권한을 가지고 있다는 것을 인정하는 것이다. 훗날 본디오 빌라도에게 "내 나라는 이 세상에 속한 것이 아니니라"라고 말씀하셨듯이 말이다. 하지만 당시의 역사적 배경을 아는 사람이라면 예수님이 가이사의 정책이나 선택들을

예수는 사회주의자였을까

결코 지지하지 않으셨을 것이라는 걸 잘 알고 있다.

예수님이 말씀하신 가이사는 AD 14년부터 37년까지 로마 제국을 지배했던 티벨리우스(Tibelius) 황제였다. 티벨리우스는 수백 만 명을 노예로 삼았다. 로마 역사학자 타키투스(Tacitus)는 티베리우스가 "잔인함과 방탕으로 악명"이 높았고 권력에 취해 "모든 각종 사악함과 불명예에 빠진" 폭군이었으며, 그의 통치는 "부당한 범죄"였다고 기록한다. 예수님이 "가이사에게 바치라"라고 말씀하신 것을 두고 그가 티베리우스의 폭정을 지지하신 것이라고 생각할 수는 없는 것이다.

지켜야 할 법

하지만 이렇게 물을 수 있다.

"예수님이 법을 지켜야 한다고 말씀하시지 않았나요?"

그렇다. 예수님은 마태복음 5장 17절에서 "내가 율법이나 선지자를 폐하러 온 줄로 생각하지 말라 폐하러 온 것이 아니요 완전하게 하려 함이라"라고 말씀하셨다. 누가복음 24장 44절의 말씀은 이 것을 더 분명히 기록하고 있는데 "곧 모세의 율법과 선지자의 글과 시편에 나를 가리켜 기록된 모든 것이 이루어져야 하리라"라고 말씀하셨다. 그는 다음과 같이 말씀하지 않으셨다.

"정부가 어떤 법을 통과시키든지 지켜야 한다."

그가 말한 법은 분명 모세의 법(대표적으로 십계명)과 그가 오실 것이라는 예언들을 말씀하신 것이었다.

십계명 중 여덟 번째 계명을 보자.

도둑질하지 말라.

간단명료하다. 이 구절을 "다른 사람이 너보다 더 가지고 있지 않다면 도둑질하지 말라"라거나, "그 돈을 번 그 사람보다 돈을 더 잘 쓸 수 있다고 확신하지 않으면 도둑질하지 말라"라고 읽을 수 없다. 또한 "정치인 같은 다른 사람을 통하지 않고는 도둑질하지 말라"라고 적혀있지도 않다. 마지막 열 번째 계명에서는 도둑질하고자 하는(혹은 재분배를 위한) 주된 동기까지도 금지하신다.

탐내지 말라.

네 것이 아닌 것은 건드리지 말라는 것이다. 사회주의자이든 아니든, 예수님께서 법을 따르라고 하신 말씀을 이 세상 정부의 어떤 명령도 따라야 한다는 말씀으로 주장하는 것은 너무 터무니없는 비약이다.

사도 바울이 쓴 로마서 13장은 많은 기독교인들이 정부

예수는 사회주의자였을까

나 정치인이 원하는 것을 따라야 한다는 말로 종종 인용된다. 바울은 "위에 있는 권세들"에 복종하며 저항에 대해 경계했다. 또한 그는 "조세를 받을 자에게 조세를 바치라"고도 말했다. 오늘날의 사회주의자들과 진보주의자들은 이 구절이 국가가 우리에게 어떤 일을 하든지, 그것이 재분배가 되었던 복지가 되었던 해외 정복을 위한 징집이 되었던 무조건 따르는 것을 명령하는 것이라고 말한다.

다른 구절들과 마찬가지로 이 구절도 그 문맥이 중요하다. 바울은 로마에 대한 증오가 펄펄 끓어오르던 분위기 속 초대교인들에게 말하고 있었다. 그는 복음의 전파를 방해할 수 있는 로마에 대한 어떤 도발을 원치 않았다. 로마는 그런 도발을 무자비하게 탄압할 것이기 때문이었다. 이 구절에 대한 신학 논문으로 학술상까지 받은 노만 혼(Norman Horn) 박사는 이렇게 말한다.

> 바울은 네로 황제의 권력, 그리고 로마에 있는 기독교인들에게 네로가 가할 수 있는 핍박을 잘 알고 있었다. 그리고 그는 기독교인들이 그리스도의 이름과 그에 대한 신앙 이외에 다른 어떤 것을 이유로 로마의 핍박을 받길 원하지 않았다.

바울은 성도들이 훨씬 더 중대한, 위에 있는 것에 시선을 고정시키기를 바랐던 것이다.

바울이 세금을 내라고 한 것도 같은 관점으로 설명된다. 혼 박사는 이렇게 말한다.

> 납세를 거부하는 것은 당시 납세 반란 세력이나 정치적 반란으로 여겨져 로마인들이 로마나 혹은 전 로마 제국 내 기독교인을 핍박할 빌미를 제공할 수 있었다. 바울은 로마의 기독교인들이 복음이 아닌 다른 이유로 사람들의 주목을 끌거나 정부의 표적이 되는 것을 피하고자 했다.

혼 박사는 또 이렇게 덧붙인다.

> 바울이 1세기 로마 제국의 지도자들이 아닌 다른 어떤 정부나 지도자들에 대해 말하고 있다는 근거가 없다. 이 구절을 그 문화적 맥락에서 떼어내 모든 문화에 언제나 적용되는 절대적인 의무사항으로 여기는 것은 심각한 오류다. 그렇게 하는 것은 기독교인들을 나쁜 정부 정책들의 속박에 얽매이게 한다.

한 예로, 예수님이 출애굽을 앞두고 있는 유대인들에게 "바로가 너희들이 떠나지 않기를 원하니 법이나 마찬가지인 바로의 말에 복종하여 짐을 풀고 다시 일하라"고 가르치셨을 것이라고 생각할 수는 없는 것이다. 사실 성경은 정부의 잘못에 대해 용감하게 저항한 수많은 이야기들을 담고 있다. 혼 박사도 구약과 신약에서 많은 저항의 예를 다음과 같이 나열한다.

> 갓난아이들을 살해하라는 바로의 명령을 거부한 히브리인들(출애굽기 1장), 여리고 왕에게 히브리인 첩자들에 대해 거짓말한 라합(여호수아 2장), 왕의 하인들을 속이고 왕을 암살한 에훗(사사기 3장), 왕의 명령을 따르는 것을 거부하고 두 번이나 기적적으로 살아남은 다니엘, 사드락, 메삭, 아벳느고(다니엘 3장과 6장), 헤롯의 명령에 불복종한 동방박사들(마태복음 2장), 그리고 사람보다 하나님께 순종하기를 선택한 베드로와 요한(사도행전 5장).

경제교육재단(FEE)의 과거 동료도 비슷한 지적을 했다.

> 마리아와 예수님과 요셉도 아이를 죽이려는 헤롯의 명령을 거역하고 베들레헴을 피해 떠났잖아요. 로마서 13장이 모든 사람이 언제나 정부 권위에 복종해야 한다는 것이었다면 예수님은 태어난 지 얼마 안 되어 죽임을 당하셨을 것이에요.

따라서 정부의 역할에 대한 사회주의자들과 진보주의자들의 특정한 입장을 정당화하기 위해 로마서 13장을 인용하는 것은 오류라고 밖에 할 수 없다. 만약 "위에 있는 권위"가 정치권력의 헌법적 제한을 존중하는 최소한의 정부이며 개인의 자유와 사적 소유를 보장하는 정부라고 하더라도 이는 마찬가지다. 결국 로마서 13장은 정부의 세속적 합법성을 이야기하고 있지만 진보주의자들과 사회주의자들이 주장하는 바의 근거가 되지 못한다.

예수님과 세리들

사회주의자들은 세리들과 세금 걷는 일을 좋아한다. 나는 정부의 재원을 늘리기 위해 국세청의 역량과 권한을 높이는 것에 반대하는 사회주의자를 본 적이 없다. 그들이 알아야 할 것은 신약성경에서 세금 걷는 일은 모두 나쁜 직업으로 묘사되어 있다는 것이다.

예수님은 세리였던 마태를 열두 제자 중 한 명으로 부르셨지만 마태는 세리의 직업을 포기하고야 그 자격을 얻을 수 있었다. 누가복음 3장에서는 세리들이 세례요한에게 세례를 받으러 나오는 장면이 있다. 그들은 요한에게 그들이 무엇을 해야 하는지 물었다. 요한은 "부과된 것 외에는 거두지 말라"고 대답했다. 이어서 "강탈하지 말며 거짓으로

예수는 사회주의자였을까

고발하지 말고 받는 급료를 족한 줄로 알라"고도 말했다. 과세에는 언제나 위협이 암시되어 있다. 세금은 선택할 수 있는 것이 아니기 때문에 세금인 것이다. 납세를 거부하면 교도소에 간다.

누가복음 7장에는 예수님이 세례요한을 칭송하시는 장면이 나오는데 이렇게 기록되어 있다.

> 모든 백성과 세리들은 이미 요한의 세례를 받은지라. 이 말씀을 듣고 하나님을 의롭다 하되.

세리들 '마저' 하나님을 의롭게 했다는 것이다. 로마의 지배를 받던 팔레스타인 지방에서 세리는 대체적으로 혐오의 대상이었다. 마가복음 2장에도 "세리 및 죄인들"이 예수님과 함께 마태의 집에서 식사를 하셨다고 나온다. 사람들은 "어찌하여 세리 및 죄인들과 함께 먹는가"라며 의아해 했다. 예수님은 "건강한 자에게는 의사가 쓸 데 없고 병든 자에게라야 쓸 데 있느니라. 나는 의인을 부르러 온 것이 아니요 죄인을 부르러 왔노라"고 대답하셨다. 마태복음 5장에서 예수님은 원수를 사랑할 것을 말씀하신다.

> 너희가 너희를 사랑하는 자를 사랑하면 무슨 상이 있으리요. 세리도 이같이 아니하느냐?

교회 안에서 성도들의 경고를 듣지 않는 죄인들을 어떻게 대해야 할까? 마태복음 18장 17절에서 예수님은 이렇게 조언하신다.

> 만일 그들의 말도 듣지 않거든 교회에 말하고 교회의 말도 듣지 않거든 이방인과 세리와 같이 여기라.

누가복음 19장은 예수님이 여리고에서 부자 세리 삭개오를 만난 이야기를 담고 있다. 삭개오는 예수님이 자신의 집에 거하겠다고 하신 말씀을 듣고 매우 놀란다. 예수님의 자비에 감동해 삭개오는 자신이 빼앗은 것의 4배로 갚을 것이라고 고백한다.

예수님께서 세금을 지불하셨을 때는 마지못해 하신 것이었다. 사역을 계속하기 위해서 감옥에 들어가는 일은 피해야 했기 때문이다. 마태복음 17장 24-27절은 이렇게 기록하고 있다.

> 가버나움에 이르니 반 세겔 받는 자들이 베드로에게 나아와 이르되 "너의 선생은 반 세겔을 내지 아니하느냐?" 이르되 "내신다" 하고 집에 들어가니 예수께서 먼저 이르시되 "시몬아. 네 생각은 어떠하냐? 세상 임금들이 누구에게 관세와 국세를 받느냐? 자기 아들에게냐, 타인에게냐?"

예수는 사회주의자였을까

베드로가 이르되 "타인에게니이다." 예수께서 이르시되 "그렇다면 아들들은 세를 면하리라. 그러나 우리가 그들이 실족하지 않게 하기 위하여 네가 바다에 가서 낚시를 던져 먼저 오르는 고기를 가져 입을 열면 돈 한 세겔을 얻을 것이니 가져다가 나와 너를 위하여 주라" 하시니라.

한 가지 더 기억해야 할 것이 있다. 예수님께서 법정에 서셨을 때 그에 대해 고발된 항목 중 하나가 탈세를 조장했다는 것이었다. "가이사의 것은 가이사에게"라는 말씀이 가이사가 요구하는 모든 것을 용납하라는 뜻이 아니었음을 알 수 있다.

사실 세금을 걷는 일은 세계 어디에서나 인기 있는 일은 아니다. 더구나 세금을 걷는 지배자가 자국을 정복한 외세일 경우는 더욱 그랬다. 따라서 신약성경에 기록된 세리들에 대한 부정적인 묘사를 너무 과도하게 해석할 필요는 없다. 단지 예수님께서 세리들이 그 세금 걷는 일을 멀리한 후에야 그들을 좋게 보셨다는 것만 기억하자. 이는 사회주의자들과 진보주의자들에게 불리할 수 밖에 없는 내용이다.

정부 권력

예수님은 정부의 권력이 매우 쉽게 과도해지고 사악해진

다는 것을 직접 겪으셨다. 태어나신지 얼마 안 되어 그의 가족은 정부 권위로부터 도망하는 신세가 되었다. 33년 후 그는 부패한 종교 관료들과 한통속이었던 정부에 의해 죽임을 당했다. 그의 33년 사역동안 예수님은 매번 지배하고 있는 권력을 피해야 했다. 그는 세상 모든 정부의 권한을 주겠다는 사탄의 제안을 거부했다. 그는 바리새인과 사두개인과 같은 유대교 위계질서의 권위들에 저항하는 듯 했다. 누가복음 11장 46절에서 그는 그들을 이렇게 꾸짖으셨다.

> 화 있을진저 또 너희 율법 교사여. 지기 어려운 짐을 사람에게 지우고 너희는 한 손가락도 이 짐에 대지 않는도다.

마태복음 20장 25절부터 27절에서 예수님은 리더십과 권력에 대해서 제자들에게 강력한 메시지를 전하신다. 다음의 말씀은 하나님의 사람들이 다른 사람에 대한 통제가 아니라 겸손한 섬김을 추구해야 한다는 것을 우리에게 상기시켜준다.

> 이방인의 집권자들이 그들을 임의로 주관하고 그 고관들이 그들에게 권세를 부리는 줄을 너희가 알거니와 너희 중에는 그렇지 않아야 하나니 너희 중에 누구든지 크고자 하는 자는 너희를 섬기는 자가 되고 너희 중에 누구든지 으

예수는 사회주의자였을까

뜸이 되고자 하는 자는 너희의 종이 되어야 하리라.

사회주의에 대한 어떤 책도 그 집약된 핵심 본질의 거두 마르크스를 거론하지 않고는 완성될 수 없다. 그는 1848년 『공산당 선언』 출간을 통해 사회주의의 이상을 그려냈다. 그의 이론에 의하면 사회주의는 역사적 진화의 마지막 단계였고 그 전지전능한 사회주의 국가는 공산주의 지상 천국으로 신비롭게 거듭날 것이었다.

마르크스가 만들어 낸 이 이념보다 세상에 더 큰 해악을 초래한 이념은 없었다. 또한 그보다 더 추악한 사생활을 가진 사람도 드물다. 역사학자 폴 존슨(Paul Johnson)은 그의 책 『지식인들』에서 한 장을 할애해 마르크스의 사생활을 폭로한다. 사회주의자들이 기껏해야 기인 정도로 보거나 통찰력 있는 예언가로 추앙하는 이 인물은 "분노와 증오에 가득 차있고 싸우기 좋아하며 가족에 냉담하고 게으르며 폭력적인" 사람이었다.

> 그는 거의 목욕을 안했기 때문에 언제나 끔찍한 종기를 달고 살았다. 그가 쓴 두 책에서 가장 기억에 남을 만한 표현들 중 일부는 타인의 작품에서 무단 표절한 것이었다. 그는 거의 대부분의 시간을 집과 도서관에서 보냈고, 그가 씩씩거리며 변호한다고 했던 노동자들이 실제 일하는 현

장에는 거의 가본 적이 없었다. 그는 평생을 다른 사람의 재산을 빌어먹고 살았으며, 그의 모친은 아들이 "자본에 대해 글만 쓰는 대신 자본을 좀 모아봤으면 …"하고 푸념하기도 했다.

마르크스는 또한 지독한 인종주의자에 반유대주의자였다. 그는 "유대인 깜둥이(Jewish nigger)"라는 경멸의 표현을 즐겨 썼다. 기분이 좋은 날에도 그는 그에게 동의하지 않는 사람들을 향해 "널 없애버리겠어"라고 위협하기 일쑤였다. 그는 그의 가족에게, 그리고 그의 마음에 안 드는 사람들에게 잔인했다. 이런 인물이 인류를 구원할 이념을 가진 사상가로 자처했던 것이다.

마르크스는 철학자 에릭 호퍼(Eric Hoffer)가 20세기의 문제라고 날카롭게 지적했던 지식인의 모습이다.

지식인을 벗겨보면 그 안에는 서민들의 광경과 소리, 그리고 냄새를 극도로 싫어하는 귀족예정자(would-be-aristocrat)를 발견할 것이다.

'부두의 철학자'라고 알려진 호퍼는 그런 지식인들 사이에 포함되지 않는 예외의 인물이었다. 그는 가난한 독일 이민자의 아들로서, 낮에는 잡역을 하고 밤에는 공공도서관

예수는 사회주의자였을까

에서 책을 읽으며 10년을 L.A.의 스키드 로우(Skid Row)[1]에서 살았던 인물이다. 그는 권력의 본질을 누구보다도 잘 이해했다.

칼 마르크스의 가장 추악한 점은 그의 성격이나 그의 더러운 위생관도 아니었다. 그것은 수백 만 명의 사람들을 유혹해 파멸로 이끈 그의 사회주의 환상이었다. 그는 전 세계의 노동자들에게 혁명을 주문했지만, 이탈리아 작가 이그나찌오 씰론(Ignazio Silone)이 말했듯이 "혁명은 나무와 같이 그 열매로 평가해야 한다." 마르크스의 사회주의 이념이 뿌리내린 모든 곳에서는 어김없이 가공할 타락을 낳았다. 이 가증스러운 미치광이의 절규들을 실행에 옮기려 했던 정권들은 최소 1억 명의 사람들을 죽음으로 내몰았다. 이 숫자는 공산주의의 범죄를 낱낱이 밝힌 권위적인 학술서 『공산주의 흑서』(Black Book of Communism)의 기록이다.

일부 마르크스의 제자들은 이 문제를 "오믈렛을 만들려면 계란 몇 개는 깨져야 한다"는 식으로 설명하려 한다. 문제는 마르크스주의자들이 계란은 수없이 깨뜨렸지만 단 한 번도 오믈렛을 만들어내지 못했다는 것이다.

폴 존슨은 마르크스가 "과학적" 이념을 주장했지만 실제로 "그에게 과학적인 것은 전혀 없었다. 그의 중요한 모든

---

1   유명한 노숙자촌

주장은 다 반(反)과학적이었다"고 말한다. 존슨의 연구에 의하면 그는 "평생 단 한 번도 방앗간이나 공장이나 광산이나 다른 공업 현장에 발을 딛었던 적이 없고" 또 그런 곳에 방문해 달라는 초청장을 수차례 거절했을 뿐 아니라 실제로 노동 현장에 방문하는 동료 혁명가들을 비난했다. 존슨은 "마르크스가 자본주의를 이해하는데 실패한 근본적인 이유는 그가 바로 비과학적이었기 때문이다. 그는 사실관계를 직접 조사하거나 다른 사람의 조사 결과를 객관적으로 활용하지도 않았다"고 말한다. 마르크스의 모든 저작은 "진실을 거의 경멸하는 수준의 묵살을 반영"한다는 것이다. "이것이 바로 마르크스주의가 그 주장하는 결과들을 내놓지 못한 주된 이유"라고 존슨은 결론짓는다.

예수님은 마르크스와 같은 사람들에 대해 경고하신 바 있다. 마태복음 7장 15절부터 17절에서 그는 "거짓 선지자들을 삼가라. 양의 옷을 입고 너희에게 나아오나 속에는 노략질하는 이리라. 그들의 열매로 그들을 알지니 가시나무에서 포도를, 또는 엉겅퀴에서 무화과를 따겠느냐? 이와 같이 좋은 나무마다 아름다운 열매를 맺고 못된 나무가 나쁜 열매를 맺나니"라고 말씀하셨다. 칼 마르크스는 안팎으로 썩은 나무였다. 예수님은 사회주의자가 아니었고, 만약 그가 오늘날 우리에게 가르치신다면 마르크스와 그의 악한 철학에 대해 강하게 정죄하셨을 것임이 분명하다.

예수는 사회주의자였을까

"Stand in the Schoolhouse Door(학교 정문을 막아서다)"라고 알려진 1963년 6월 11일 세 시간의 사건은 미국 전역의 관심을 사로잡았다. 앨라배마 주지사였던 조지 월러스(George Wallace)가 터스컬루사(Tuscaloosa)에 있는 앨라배마 주립대학교의 포스터 대강당(Foster Auditorium) 입구를 가로막고 선 것이다. 그는 두 학생의 수업등록을 막으려 했다. 무슨 일이 일어난 것일까?

주지사가 두 학생의 학교 등록처 출입을 막아선 이유는 "그들의 인격 때문이 아닌 피부색 때문"[1]이었다. 그들은 흑인들이었던 것이다. 존 케네디(John F. Kennedy) 대통령은 긴박한 분위기 속에서 이 장면을 백악관의 흑백 텔레비전으로 지켜보고 있었다. 그는 즉시 연방 법원 집행관과 법무차관을 파견해 월러스 주지사에게 물러설 것을 요구했다. 월

---

1   마틴 루터 킹의 유명한 1963년 8월 연설에서 나온 표현. "나는 꿈이 있습니다. 언젠가는 나의 네 자녀가 피부색이 아닌 인격으로(not by the color of their skin, but by the content of their character) 판단 받는 나라에서 사는 꿈입니다."

러스가 거절하자 케네디는 행정명령을 내려 앨라배마 주 방위군을 연방군에 편입시키는 극단적인 조치를 취했다. 끝내 월러스는 물러섰다.

대규모 폭력사태로 번지지 않게 된 것에 안도하며, 케네디 대통령은 그 날 저녁 대국민 연설을 통해 시민평등권에 대해 이야기했다. 다음은 그 연설의 일부분이다.

> 문제의 핵심은 바로 모든 미국인에게 평등한 권리와 평등한 기회가 주어졌느냐 하는 것입니다. 우리 모두 스스로 대우 받고자 하는 대로 남을 대우하느냐 하는 것이지요. 어느 미국인이 그 피부색이 어둡다는 이유로 공공에 개방된 식당에서 점심을 못 먹거나, 자녀들을 가능한 한 좋은 공공학교에 보내지 못하고 자신을 대변할 정치인에게 투표하지 못한다면, 다시 말해 우리 모두가 원하는 자유롭고 풍성한 삶을 그가 피부색 때문에 누리지 못한다면, 우리 중 누가 그와 피부색을 바꾸어 그 입장에 서고자 하겠습니까?

케네디 대통령은 철학자들이 "상호호혜주의의 윤리(ethic of reciprocity)"라고 부르는 도덕적 원칙을 언급하고 있었다. 이 원칙은 거의 모든 문화권과 종교 그리고 윤리 전통에서 찾을 수 있는 보편적인 이상이다. 기독교에서는 이를 "황금률(Golden Rule)"이라고 부른다. 이는 사람들이 항상 그렇게 살지는 못하더라도 세계 어디서나 모든 사람이 바람직하다고 인정하는 개념이다.

이상으로서의 황금률

예수님께서는 황금률을 말씀하셨다. 누가복음 6장 31절과 마태복음 7장 12절이다.

> 그러므로 무엇이든지 남에게 대접을 받고자 하는 대로 너희도 남을 대접하라. 이것이 율법이요 선지자니라.

또 마가복음 12장 28절부터 34절에서는 모든 계명 중에 가장 중요한 계명이 무엇인지 묻는 질문에, 이 황금률을 또 다르게 표현하셨다. 하나님을 사랑하라는 첫째 계명 다음으로, "네 이웃을 네 자신과 같이 사랑하라"고 말씀하신 것이다.

인간은 신이 아니기 때문에 완벽과는 거리가 멀다. 우리는 신의 명령은 커녕 우리 스스로의 약속도 지키지 않는다. 우리는 우리 스스로의 행동으로 서로를 사랑하기가 정말 힘들게 만들곤 한다. 우리 중에는 너무나 많은 거짓말과 사기와 도둑질이 있고 심지어 우리는 무고한 사람을 해치기까지 한다. 그 어느 종교나 전통도 이러한 악을 묵인하거나 악을 대항할 권리를 부정하지 않는다. 황금률은 우리 모두가 추구해야 할 최상의 이상이다.

십계명의 후반 여섯 계명은 모두 이 황금률의 연장선상에 있다. 처음 네 계명들이 사람과 하나님 간의 관계를 다루고 있다면, 이 여섯 계명은 사람이 타인과의 관계에서 지켜야 할 원칙들이다. 우리는 부모를 공경해야 한다. 그리고 우리의 자녀들이 부모를 공경하길 희망한다. 우리는 살인하지 말아야 한다. 그리고 다른 사람들로부터 우리의 생명에 대한 동일한 존중을 바란다. 우리는 간음이 잘못된 것을 알고 있으며 타인이 나의 배우자와 간음한다고 생각했을 때 우리는 극심한 괴로움을 느낀다. 여덟 번째부터 열 번째 계명은 도둑질하는 것과 거짓말하는 것, 그리고 탐하는 것에 대한 경고다. 우리는 모두 타인이 우리의 것을 도둑질하거나 우리에게 거짓말하거나 혹은 우리의 것을 탐하는 것을 싫어한다.

만약 모든 사람이 언제나 이 황금률을 실천하며 사는 완벽한 세상이 있다면 어떨까? 아마 그런 세상은 평화와 번영이 충만할 것이다. 우리 모두가 각자의 생명이나 소유를 빼앗기길 원하지 않기 때문에 빼앗길 염려가 없고, 어떤 이유나 목적으로도 사람이 타인으로 인해 해를 받지 않을 것이다. 황금률에는 물론 '무엇을 하지 말라'는 수동적 원칙뿐 아니라 능동적 원칙도 있다. 누군가 아프거나 어려움에 처했을 때 우리는 그럴 위치(부모, 친척, 친구 등)에 있고 그럴 능력이 있다면 적극적으로 도움을 줄 것이다. 왜냐하면 우리가 그런 비슷한 어려움에 처했을 때 주변 사람이 우리를 도와주길 바라기 때문이다.

이 때문에 누가복음 10장의 강도 만난 사람을 도와준 사마리아인을 '선하다'고 여기는 것이다. 그는 자신이 같은 상황에 처했을 때 대우받기를 원하는 그대로 강도 만난 사람을 대우했다. 그는 또 다른 어떤 사람에게 그 어려움에 처한 사람을 돕도록 강요하지 않았다.

도덕, 법, 그리고 경제

1776년 출간되어 세계에 큰 영향을 끼친 『국부론』의 저자 아담 스미스(Adam Smith)는, 사실 그 이전의 저작 『도덕감정론』(1759)으로도 동일한 추앙을 받을 자격이 있다. 그는 이 책에서 황금률을 보편적 도덕 기준의 기초로 보았다. 그는 우리 인간이 성인이 되면서 자신에 대한 집착을 버리고, 서서히 우리 스스로의 행동을 제3자의 "공평한 관찰자"로서 판단하기 시작한다고 보았다. 아담 스미스를 연구한 제임스 오테슨(James Otteson)은 2000년 11월 경제교육재단 홈페이지(FEE.org)에 실린 "도덕철학자, 아담 스미스"라는 글에서 이렇게 설명했다.

우리는 모두 편견이나 불완전한 정보로 인해 불공정한 판단을 받고 불쾌함을 경험한 바 있다(우리의 상황을 다 알지도 못하면서 함부로 정죄하는 경우들 말이다). 이러한 경험은 우리로 하여금 모든 상황을 충분히 다 파악하기 전에 다른 사람을 함부로 판단하는 오류를 삼가게 한다. 그런데 우리 모두가 이를 원하기 때문에, 이 감정의 상호 공감은 우리가 스스로의 행위를 판단하는데 있어 객관적인 관점을 갖게 하는 것이다. 다시 말해, 우리는 타인이 우리의 감정에 "이입"할 수 있길 바라기 때문에, 우리 스스로의 감정을 타인이 공감할 수 있다고 여기는 것으로 조절하려 한다. 하지만 우리는 그것이 무엇인지 모르기 때문에 그 공평한 관찰자의 입장에 귀를 기울이게 되는 것이다. 그렇게 해서 이 공평한 관찰자의 목소리는 우리 행동을 지도하는 제2의 천성이 된다. 아담 스미스는 바로 이것이 우리의 "양심"이라고 말한다.

오테슨이 보여주듯, 아담 스미스는 "사람이(주로 무의식 중에) 보편적인 규칙을 수용하는 것과 양심이 발달하는 것, 그리고 공평한 관찰자로써의 입장을 취하게 되는 것은 상호간의 공감을 추구하는 근본적이고 타고난 욕구에 의해 유도되는 것"이라고 이야기한 것이다. 바로 황금률의 작동이다.

행실의 기준은 인간이 만든 법에서 비롯된 것이 아니다. 법이 할 수 있는 최대 기능은 인간들이 자연스럽고 유기적인 절차를 통해 일반적으로 용납된 것들을 인정하고 지키도록 기준을 마련하는 것이다. 19세기 프랑스 경제학자이자 정치가였던 프레데릭 바스티아(Frederic Bastiat)가 그의 책 『법』에 썼듯이, "생명과 자유와 소유는 인간이 법을 만들었기 때문에 존재하는 것이 아니다. 오히려 반대로, 애초부터 생명과 자유와 소유가 먼저 존재했기 때문에 인간이 법을 만든 것이다."

모든 도덕관의 중심에는 "상호 공감" [혹은 상련]에 대한 인간의 타고난 욕구가 있다. 기독교인들을 비롯한 많은 신앙인들은 하나님이 우리의 본성에 그런 공감능력을 심어주셨다고 믿지만, 하나님을 믿지 않아도 그 공감의 본능적 욕구가 모두에게 있다는 사실을 인정할 수 있다. 다른 종교를 가지고 있거나 종교가 없는 사람들도 인간이 상호간의 이익을 위해 함께 노력해야 한다는 것을 아는 것이다.

황금률을 무력화시키는 사회주의

사회주의의 또 다른 근본적인 문제가 바로 여기 있다. 사회주의는 황금률을 무력화시키는 것이다. 사회주의자들은 "인민과의 결속"을 외친다. 그들은 다른 사람들을 돕길 원하는 것뿐이라고 말하지만, 문제는 그들이 어떤 방식으로 다른 사람을 도우려 하는가에 있다. 그들의 계획이 만약 자율적인 참여에 의한 상호 돕기에 그쳤다면 그들은 사회주의자가 아니다. 오히려 자본주의자들이야말로 사람들의 자율적인 참여와 조언을 얼마든지 환영한다. 정부의 채찍이 아닌 시장의 당근으로 말이다. 그러나 사회주의자들이(그런 경우가 극히 드물지만) 실제로 누군가를 돕는다면, 그것은 또 다른 누군가에게 해를 끼쳤음을 의미한다.

황금률은 우리가 서로간의 차이를 존중하고 공통의 견해를 찾아가며 자율적으로 서로를 대할 것을 요구한다. 그것은 각자가 개인적이고 주관적으로 판단한 상호간의 이익을 강조한다. 하지만 사회주의는 강제력에 의존하여, "우리는 이것이 당신(혹은 적어도 누군가)에겐 좋다고 생각하기 때문에 당신이 좋든 싫든 이 일에 동참해야 한다"고 말하는 것이다.

반면 자유로운 시장은 그 본질부터 자율적이고 상호간 이익에 근거한 교환을 의미한다. 물론 일부의 교환은 때로 상품에 대한 오판이나 사기, 또는 '구매자의 후회'를 초래하기도 하지만, 대부분의 거래는 모두에게 만족을 안긴다. 시장의 각 거래자는 자신이 내어 놓는 것보다 그 대신 얻어가는 것이 더 크다고 믿기 때문이다. 물론 이는 모든 거래자가 시장에 자유롭게 들어왔을 때를 가정한다. 누군가 거래를 강요당했다면, 대부분의 경우 그 사람은 거래로 인해 득

보다 실이 크다고 여길 것이다.

강요는 사기만큼이나 황금률과 양립할 수 없는 것이다. 시장에서 우리는 어떤 가치를 제시하지만, 그 가치를 상대방이 거절한다고 총을 꺼내 거래를 강요할 수 없다. 만약 우리가 그런 식으로 거래를 강제한다면 우리는 상대방이 우리를 대우하기를 바라는 대로 그를 대우하는 것이 아닐 것이다.

어떤 사람들은 예수님이 불행한 사람들을 돕도록 장려했기 때문에, 그것을 강요하는 것도 지지하셨을 것이라는 심각한 속단을 범한다. 그는 먹고 마시고 자고 씻고 금식하고 기도하는 것 등 많은 것을 말씀하셨지만, 그 어떤 경우에도 이러한 일들을 위해 정부 프로그램이나 강제력, 또는 징세를 요구하지 않으셨다. 예수님이 불행한 사람을 돕기 위해 로마나 유대의 어떤 정부에게 세금을 걷어 다른 사람에게 나누어주라는 말씀을 단 한번이라도 하셨는지 직접 찾아보길 독자들에게 권유한다.

참견꾼, 호사가, 그리고 위선자들

사회주의자들은 왜 그 많은 이슈와 문제들을 총구를 들이대며 해결하려 하는지 스스로 자문해야 한다. 왜 모든 것이 정부의 권력을 필요로 하는가? 동료 시민들에 대한 믿음과 존중은 다 어디로 사라졌는가? 자신의 주장이 모두를 강제로 굴복시킬만할 정도로 옳은 것이라고 정말 생각하는가? 다른 사람이 당신에게 그렇게 한다고 생각해보라. 다른 사람이 그렇게 하는 것은 부당하다고 생각하면서 왜 자신에겐 한없이 관대한가?

프레데릭 바스티아는 이 문제를 다음과 같이 지적했다.

> 만약 인간의 자연적 경향이 너무 악해서 자유롭도록 허락할 수 없는 것이라면, 왜 그 [사회주의 체제의] 기획자들의 경향은 항상 선할 수 있다고 믿는 것인가? 입법자들과 그 관료들도 인간이 아닌가? 아니면 그들은 나머지 인류보다 더 고운 흙으로 빚어졌다고 생각하는 것인가?

베드로전서 4장 15절에서 사도 베드로는 황금률에 대해 우리의 논의와 연관되는 메시지를 던진다.

> 너희 중에 누구든지 살인이나 도둑질이나 악행이나 남의 일을 간섭하는 자로 고난을 받지 말려니와.

"남의 일을 간섭하는 자"는 다른 표현으로 하면 오지랖 넓은 호사가라고 할 수 있다. 다른 사람의 선택과 영역에 무례히 침범하지 말라는 뜻이다. 그것은 황금률에 위배되는 것이다.

신약성경 곳곳에서 예수님과 그의 제자들은 사람들에게 무엇보다 자기 수양에 집중하라는 말씀을 하고 있다. 타인은 틀렸고 자신만 완벽하며 타인이 그의 삶을 어떻게 살아야 하는지 내가 제일 잘 안다는 식으로 접근해선 안 되는 것이다.

마태복음 7장 3절부터 5절에서는 예수님이 이렇게 말씀하신다.

> 어찌하여 형제의 눈 속에 있는 티는 보고 네 눈 속에 있는 들보는 깨닫지 못하느냐? 보라 네 눈 속에 들보가 있는데 어찌하여 형제에게 말하기를 나로 네 눈 속에 있는 티를 빼게 하라 하겠느냐? 외식하는 자여, 먼저 네 눈 속에서 들보를 빼어라. 그 후에야 밝히 보고 형제의 눈 속에서 티를 빼리라.

황금률은 괜히 '황금'률이 아니다. 사회주의자들은 이 기본적인 도덕법을 어기고 동료시민들에게 자신들이 더 낫다고 생각하도록 강요하고 있다.

예수는 사회주의자였을까

7장 · 예수는 재분배주의자?
사회 정의 전사?

예수는 가난한 자와 착취당하는 자들 편에 계셨다. 기독교 정치인들은 이 사실을 기억해야 한다.

이 문구는 2017년 부활절 직전 영국 일간지 「가디언」(*Guardian*)에 적힌 제목이었다. 이어지는 기고문에서 브래드 칠콧(Brad Chilcott) 목사는 예수님이 "자신의 평판과 잠재적 이익, 그리고 어떤 종교적이거나 정치적인 권력의 사다리를 타고 올라갈 가능성을 모두 훼손하면서까지 공공연하게 가난한 자들과 소외된 자, 무시당한 자, 권리를 빼앗긴 자, 착취당한 자들의 편에 섰다"고 썼다.

나는 예수님이 언제 "자신의 평판"이나 "잠재적 이익" 또는 "어떤 권력의 사다리"를 타는 것에 관심을 가지셨을지 의문이지만, 그 문제는 차치하기로 하자. 칠콧 목사는 공론장에서 아주 큰 부분을 차지하는 중요한 이슈를 제기하고 있다. 바로 불평등의 문제다. 모든 선거 캠페인에서 확연히 드러나는 이슈다. 2019년 갤럽 보고서의 설문에 따르면, 선거 후보의 경제적 불평등에 대한 입장은 유권자들의 "가장 중요한 문제"라고 한다. 따라서 후보들은 불평등 문제를 '해결'할 수 있는 가장 매력적인 계획들을 너도나도 앞다퉈 제시하곤 한다.

예수님이 사회주의자였다는 주장을 계속 듣게 되는 만큼, 우리는 정치인들과 전문가들(그리고 칠콧 목사 같은 성직자들)로부터 예수님이 "가난한 자 편"에 서셨기 때문에 불평등을 반대하셨을 것이라는 주장을 듣게 된다. 그리고 종종 그들의 주장은 여기서 한층 더 나간다. 불평등 문제를 해결하기 위해서 예수님이 부를 재분배하는 정부 정책을 지지하셨을 것이라는 주장이다. 칠콧 목사의 말을 계속 들어보자.

> 예수는 그를 따르는 자들에게 말과 신학과 자선으로만 서로를 사랑하라고 요구하지 않으셨다. 그는 값비싼 연대를 요구하셨다.

칠콧 목사는 기고문을 통해 정부가 이 "값비싼 연대"를 도입해야 한다고 주장하고 있었다. 칠콧 목사는 "입법과 국가 예산과 정책들"을 도입해 "불평등과 빈곤과 소외와 착취를 영속시키는 경제적, 사회적, 문화적 구조"를 뜯어 고쳐야 한다고 말하고 있다.

당연히 예수님은 가난한 자들에게 관심을 쏟으셨다. 신약성경은 예수님이 가난하고 불행한 자들, 그리고 억압당하거나 아픈 자들을 도와줘야 한다는 수십 편의 가르침을 담고 있다. 누가복음 4장에서 나사렛의 회당에 가셨을 때 예수님께서는 다음의 이사야 말씀을 읽으셨다.

주의 성령이 내게 임하셨으니 이는 가난한 자에게 복음을 전하게 하시려고 …

그리고 누가복음 14장에서는 한 바리새인 지도자의 집에 들어가셔서 이렇게도 말씀하셨다.

잔치를 베풀거든 차라리 가난한 자들과 몸이 불편한 자들과 저는 자들과 맹인들을 청하라.

그런데 이 말씀들이 예수님이 불평등을 없애기 위해 정부 주도의 부의 재분배를 지지하신다는 뜻일까? 전혀 그렇지 않다. 예수님은 가난한 자들을 돕는 것보다 더한 것을 요구하셨다. 그는 가난한 자를 돕는 것이 사람의 마음속에 있는 타인에 대한 사랑을 나타내는 증표라고 말씀하셨다. 마태복음 26장 11절과 마가복음 14장 7절에는 "가난한 자들은 항상 너희와 함께 있으니 아무 때라도 원하는 대로 도울 수 있을 것"이라고 말씀하셨다. 여기서 중요한 표현은 "원하는 대로 도울 수 있다"는 것이다. "원하든 원하지 않든 무조건 돕도록 강제해야 한다"라고 말씀하지 않으셨다.

징세와 재분배, 그리고 공공복지를 포함한 의무적인 정부 정책들을 정당화하기 위해, 우리는 "형제를 지키는 자"라는 말을 종종 듣는다. 창세기 4장 이야기에서 나온 표현이다. 가인은 동생 아벨의 제사를 하나님이 받으시는 것을 시기해 그를 죽였다. 하나님은 가인에게 아벨이 어디 있는지 물으셨고 9절에서 가인은 거짓말로 응답한다.

내가 알지 못하나이다. 내가 내 아우를 지키는 자니이까?

흥미롭게도 하나님의 대답은 "그래, 넌 네 아우를 지키는 자니라"가 아니었다. 많은 기독교인들은 이 표현의 본래 맥락을 모른 채, 모호한 이해를 가지고 우리 모두가 "형제를 지키는 자"이기 때문에 정치적 절차를 통해 정부 복지 프로그램을 도입해야 한다고 주장한다. 터무니없는 주장이다. 가인에게 하나님이 하신 말씀은 이렇다.

네가 무엇을 하였느냐? 네 아우의 핏소리가 땅에서부터 내게 호소하느니라. 땅이 그 입을 벌려 네 손에서부터 네 아우의 피를 받았은즉 네가 땅에서 저주를 받으리니, 네가 밭을 갈아도 땅이 다시는 그 효력을 네게 주지 아니할 것이요. 너는 땅에서 피하며 유리하는 자가 되리라.

신약성경에는 어디에도 "형제를 지키는 자"라는 표현이 없다. 물론 예수님께서는 서로 사랑하라고 가르치셨다. 또한 특히 친구와 가족과 계약 관계에 있는 동료들에게 정직과 책임을 다해 대할 것을 말씀하셨다. 하지만 예수님은 결코 그 책임을 정부에게 떠맡겨 버리라고 말씀하지 않으셨다.

강도질

그럼에도 사회주의 정책들과 많은 진보 정책들은 사람들 각 개인의 책임을 정부에 떠맡길 것을 요구한다. 앞서 언급했듯이 이런 접근은 정부의 강제성이 필연적이다. 하지만 이 공식에서 정부가 빠지더라도 사실 불행한 자를 돕기 위해 강제력을 사용하는 것은 그 자체로 문제가 된다.

다음의 경우를 상상해보자. 어떤 사람이 오로지 가난한 자를 돕기 위한 순수한 의도로 부자에게서 돈을 뺏어 모두 다 그 가난한 자에게 준다고 치자. 그리고 이 "빈곤해결사"는 관료적인 행정일이나 선거 운동이나 선동질, 그리고 적자나 빚도 없이 온전한 부의 재분배를 이루었다고 가정하자. 또 그가 멀리 있는 정부 관료가 알 수 없는 인근의 가난한 자의 필요를 더 잘 알고 정확히 필요한 돈을 전달했다고 생각해보자. 이 가난한 자는 정부를 통해서 얻었을 돈보다 확실히 더 많은 돈을 더 빨리 받은 것이다.

만약 이런 일이 가능하다면, 예수님 혹은 그의 사도들과 초대교회의 성도들이 이런 부의 재분배를 지지했을까? 신약성경을 읽어본 사람이라면 결코 그렇지 않았을 것임을 알 것이다. 왜일까? 무엇보다 가장 결정적으로 그 빈곤해결사의 행동은 강도질이기 때문이다. 그 의도가 어떠하고 그가 아무런 이익을 챙기지 않는 순전한 재분배자라 할지라도, 성경은 어떤 경우에도 강도질이나 도둑질을 정당화하지 않고 있다. 십계명의 제8계명은 도둑질을 절대적으로 금하고 있을 뿐 아니라 예수님께서도 단 한 번도 도둑질을 지지하거나 묵인하거나 면제하지 않으셨다. 결국 가상의 빈곤해결 강도질은, 가난한 자를 위한 정부의 재분배와 마찬가지로, 예수님이 우리에게 원하신 가난한 자 돌봄과는 동떨어진 방법인 것이다.

개인주의와 집단주의

불평등에 대한 열띤 토론에서 또 다른 문제는, 그 초점이 각 개인보다 집단에 맞춰져 있다는 데 있다. 예수님도 물론 가난한 자들이나 신자들, 혹은 교회 등 특정 집단에 대해서 관심을 가지셨다. 하지만 그의 메시지 핵심에는 항상 개인의 존엄과 개성을 언제나 강조하셨다. 예를 들어 구원과 인격의 문제는 항상 집단의 선택이 아닌 개인의 몫이었다.

누가복음 15장 3절부터 10절에서 예수님은 홀로 선 개인의 중대한 가치를 강조하는 두 개의 비유를 말씀하신다.

> 예수께서 그들에게 이 비유로 이르시되, "너희 중에 어떤 사람이 양 백 마리가 있는데 그 중의 하나를 잃으면 아흔아홉 마리를 들에 두고 그 잃은 것을 찾아내기까지 찾아다니지 아니하겠느냐? 또 찾아낸즉 즐거워 어깨에 메고 집에 와서 그 벗과 이웃을 불러 모으고 말하되 '나와 함께 즐기자 나의 잃은 양을 찾아내었노라' 하리라. 내가 너희에게 이르노니 이와 같이 죄인 한 사람이 회개하면 하늘에서는 회개할 것 없는 의인 아흔아홉으로 말미암아 기뻐하는 것보다 더하리라. 어떤 여자가 열 드라크마가 있는데 하나를 잃으면 등불을 켜고 집을 쓸며 찾아내기까지 부지런히 찾지 아니하겠느냐? 또 찾아낸즉 벗과 이웃을 불러 모으고 말하되 나와 함께 즐기자 잃은 드라크마를 찾아내었노라 하리라. 내가 너희에게 이르노니 이와 같이 죄인 한 사람이 회개하면 하나님의 사자들 앞에 기쁨이 되느니라."

나는 일부 사람들이 동료 시민들을 하나로 묶어 동질화하거나 조작할 수 있는 도구처럼 여기는 태도에 경악한다. 그것도 요청에 의한 것이 아니라 순전히 정치적 권력의 강제력을 동원해서 말이다. 그들은 그것이 모두 어떤 모호한

예수는 사회주의자였을까

집단 이익을 위한 것이라고 둘러대며 그 목적을 이루기 위해서는 종종 우리에게 해를 가할 의지마저 드러내길 서슴치 않는다.

19세기 미국을 깊게 관찰한 알렉시스 드 토크빌(Alexis de Tocqueville)이 만약 오늘날 사회주의자들과 그 진보주의 친구들의 선동과 정책을 본다면 아마 소름이 돋았을 것이다. 1830년대 초 이 프랑스인이 미국을 순회했을 때, 그가 찾았던 미국의 강점은 바로 국민들이 제도와 사람들을 [프랑스 혁명 때처럼] 끌어 내리기보다는 세우는데 집중한다는 것이었다. 하지만 토크빌도 다음과 같은 선견지명을 내놓았다.

> 나는 자유와 법, 그리고 권리에 대한 존중을 깊이 사랑한다. … 자유는 나의 가장 큰 열정이다. 하지만 사람의 마음에는 또한 평등을 위한 타락한 경향이 있음을 발견한다. 이 경향은 강한 자들을 약한 자들의 수준으로 끌어 내리도록 하며, 자유 속의 불평등을 누리기보다 노예 상태 속의 평등을 누리길 바라도록 사람들을 저급하게 한다. 평등은 시기심에 근거한 구호다. 그것은 모든 국민들이 속으로 "나보다 높은 자리를 취하는 사람은 없어야 해"라고 말하는 심리를 대변한다.

토크빌이 경고했듯, 오늘날 평등을 향한 타락의 추진력

이 가속화되고 있다.

평등이냐 자유냐

"자유로운 사람들은 모두가 똑같지 않고, 모두가 똑같은 사람들은 자유롭지 않다."

수십 년 동안 내가 즐겨 쓰는 말이다. 여기서 나는 법 앞에 모두가 평등함을 부정하는 것이 아니다. 법은 모두에게 공명정대하게 적용되어야 한다. 모든 사람은 누구든지 그 피부의 색이나 성이나 신념이 아닌, 죄의 여부에 따라 심판을 받아야 한다. 이것이 바로 토마스 제퍼슨이 그 유명한 「독립선언문」의 "모든 사람은 평등하게 창조되었다"라는 문장에서 의미한 것이다. 그 동등하게 부여된 개인의 권리에 대해서는 그 어느 누구도 다른 사람보다 하나님 앞에서 열등하지 않다.

하지만 사회주의자들을 비롯해 점점 많은 사람들은 사실 다른 의미의 "평등"을 주장한다. 경제적 소득이나 물질적 부의 평등을 말이다. 자유사회에서 경제적 평등은 신기루이다. 우리 모두는 다 각기 다르기 때문이다. 우리의 재능과 기량도 모두 다르다. 어떤 사람들은 다른 사람들보다 더 열심히 일하고 더 오래 일한다. 우리가 제각각 소득이 다른 것은 전혀 이상할 일이 아닌 것이다. 심지어 만약 오늘 밤

예수는 사회주의자였을까

우리 모두가 어떤 마술에 의해 똑같은 부를 가지게 된다 하더라도, 내일 아침이 되면 모두가 다시 불평등해질 것이다. 왜냐하면 어느 누구는 밤사이 돈을 지출했을 것이고 다른 누구는 돈을 저축했을 것이기 때문이다.

자유로운 사람들이 경제적으로 평등하지 않은 것은 한탄할 일이 아니다. 정치적 권력이 아닌 창의적인 개인의 자율적 교류를 통해 이루어진 경제적 불평등은, 자신의 만족을 위하거나 다른 사람에게 가치를 제공하기 위해 스스로 자유롭게 각자의 개성을 활용하고 있다는 뜻이기 때문이다. 다른 맥락에서 프랑스인들이 외치듯이, "다른 게 좋은 것 (Vive la difference!)"인 것이다.

경제적 평등에 집착한 사람들은 이상한 행동을 한다. 다른 사람을 시기하고 다른 사람의 것을 탐낸다. 그들은 사회를 악당과 희생자라는 두 그룹으로 나눈다. 그들은 자기 자신을 일으키기보다 다른 사람을 끌어 내리는데 더 많은 시간을 할애한다. 이런 사람들이 법을 만들게 된다면 많은 사람들에게 심각한 해를 끼친다. 그땐 그들이 경찰을 부르는 게 아니라 그들이 스스로 경찰이 된 것이나 마찬가지이기 때문이다.

경제적 평등을 조금이라도 인위적으로 만들어내고자 한다면, 정부가 우리 모두를 그러한 "평등"으로 강제해야만 한다. 여기서 바로 정부의 재분배가 등장하고 부자들로부터 "죽어라 과세"를 해야 하는 상황에 도래한다.

또한 경제적 불평등이 정말 문제라고 하더라도, 노력과 성공을 징벌하는 것은 문제의 해결책이 되지 못한다. 부의 재분배를 목적으로 한 강제적 조치들은, 똑똑하거나 정치적 연줄이 많은 "가진 자"들로 하여금 그냥 해외의 도피처로 떠나게 만들고 그 경기 하락의 모든 충격은 결국 불운의 "가지지 못한 자"들이 떠안게 된다.

문학이나 기타 잡지들, 그리고 정치연설은 "보통 사람"에 대한 찬가로 충만하다. 하지만 나는 1920년대에 터키 출신 이민자였던 딘 알팡지(Dean Alfange)[1]가 「나의 신념」에 쓴 다음의 입장에 깊이 공감한다.

> 나는 보통 사람이 되는 것을 거부한다. 나는 가능한대로 보통이 아닌 사람이 될 권리가 있다. 나는 안정보다 기회를 추구한다. 나는 국가의 보살핌으로 잘 가꾸어진 시민이 되어 황송해하며 정신이 무디어지길 원치 않는다. 나는 꿈꾸고 건설하며, 실패하고 성공할 수 있는 위험에 도전하기를 원한다. 나는 인센티브를 수당으로 바꾸는 것을 거부한다. 나는 보장된 경험보다 삶의 도전들을, 유토피아의 진부한 안정보다 성취감의 전율을 선호한다. 나는 나의 자유를 누군

---

1   오토만제국 치하 이스탄불 출신의 미국 정치인

가의 자선과 바꾸지 않을 것이고, 나의 존엄을 누군가의 지원금에 팔지 않을 것이다. 나는 결코 어떤 주인에게도 몸을 숙이거나 위협에 굴복하지 않을 것이다. 두려움 없이 자랑스럽게 허리를 펴고 서는 것, 즉 나 스스로 생각하고 행동하는 것과 나의 창작물의 이익을 향유하는 것, 그리고 세상에 담대히 맞서 나의 업적을 자랑하는 것은 나의 유업이다.

　실제로 우리는 '보통이 아닌' 사람들에게 가장 감사해야 한다. 물론 나쁜 일로 비범한 사람들이 아니라 선한 일로 비범한 사람들 말이다. 예수님은 우리 모두가 선한 일에 '보통이 아닌' 비범한 사람들이 되길 원하셨다. 그는 결코 우리가 여론에 편승하거나, 무리에 섞이거나, "집단 의지"에 스스로를 굴복하는 것을 원하지 않으셨다. 그는 옳고 그름이, 다수 혹은 어떤 정부의 선포에 의해 결정되는 것이라고 말씀하지 않으셨다. 예수님은 "예외적인 사람이 되지 말고 보통 사람이 되라"고 누구에게도 말씀하지도 않으셨다. 그것은 비인격적인 것이기 때문이다.
　이러한 이유 때문에 나는 서슴없이 개인주의를 옹호하고 집단주의를 강력히 반대한다. 집단주의자는 인류를 기껏해야 하나의 눈보라 정도로 여긴다. 개인주의자는 눈보라도 보지만 그 즉시 눈보라를 형성하고 있는 눈송이 하나하나의 진기함을 바라볼 줄 안다.

1998년 개봉된 애니메이션 영화 <개미>(*Antz*)는 이 요점을 아주 멋지게 나타내고 있다. 영화의 배경은 모든 개미들이 순종적인 한 덩어리처럼 움직이는 개미 집락이다. 폭군 개미들은 복종하는 개미들을 손쉽게 다룬다. 하지만 이 중에 한 개미가 집단주의적 사고를 깨면서 개인행동을 하게 되고, 결국 그 행동을 통해 집락 전체를 파멸에서 구한다. 우디 앨런(Woody Allen)이 목소리를 맡은 이 주인공 개미는, 어떤 나이 많은 개미가 자신의 품에 안겨 죽음을 맞으며 당부하는 다음의 말을 행동에 옮긴 것이다.

> 애야, 내가 저지른 실수를 하지 말거라. 평생 명령만 따르지 말고 스스로 생각해야 해!

선택할 자유를 누리는 것은 우리로 하여금 실수를 통해 배우고 성장하며 발전하고, 또 좋은 선택에 대해서는 보상을 받도록 해준다. 우리의 선택들은 우리를 규정하는 요소들이며, 하나님으로부터 부여받은 각자 개성의 표현이다.

따라서 개인주의는 다름 아닌 인간 본연의 본성을 수용하는 것이다. 반면 집단주의는 인간 본성을 거스르고자 하는 것이다. 역사상 가장 대규모의 끔찍한 대량 살상은 개인에 대한 집단주의적 숙청에 의해 이루어졌다. 최소 2천만 명의 살상에 책임이 있는 조제프 스탈린은 "한 명의 죽음은 비극이지만 백만 명의 죽음은 통계일 뿐"이라고 말한 것으로 잘 알려져 있다.

집단주의자는 개인을 멸시한다. 집단주의자는 "모두"를 위한 더 높은 숭고한 선이 있다고 말한다. 특히 자신이 그 선을 정의하고 이행할 때 더욱 그렇게 강조한다. 집단주의 세력은 언제나 개인에게 무언가를 강요하게 된다. 사회주의는 본질적으로 집단주의적인 이념이다. 또한 그것은 강제력에 의존하기 때문에 본질적으로 반사회적이다.

앞서 다루었듯이 부자에 대한 공격과 소득불평등에 대한 청산운동은, 사회에 깊이 스며든 인간의 시기심을 반영하고 있다(토크빌의 말을 기억하라. "평등은 시기심에 근거한 구호다"). 사업가 존 헨셴(Jon Henschen)은 2018년 10월 <인텔렉츄얼 테이크아웃>(Intellectual Takeout)이라는 사이트에서 이 사고방식을 다음과 같이 설명했다.

> 시기심은 경제가 유한한 파이이며 누군가 더 큰 파이 조각을 가져갈 때 불평등이 초래될 것이라는 심리에서 비롯된다. 하지만 사람들이 간과하는 것은 바로 시장 경제가 유한한 파이가 아니라 수천, 수만 개의 파이라는 것이다. 발명가들과 기업인들은 그들의 혁신을 통해 계속해서 새로운 파이를 만들어 내고 시대에 뒤떨어진 파이는 자연히 사라지는 것이다.

부의 창출은 또한 빈곤과 가난의 감소를 위해 필수적이다. 정직한 경제학자들은 부의 근원에 대해서 이야기 할 때 모두 기업가 정신, 투자, 위험감수, 분업, 혁신, 자본이익, 고객서비스, 인센티브 등을 언급한다. 반면 사회주의자들은 부의 창출에 대한 아무런 이론이 없다. 그들은 자기들의 재분배를 위한 부가 갑자기 마술처럼 생겨나는 것으로 여기는 듯하다.

본론으로 돌아가서, 문제는 우리가 가난한 자를 돕는 것을 예수님이 원하셨는지의 여부가 아니다. 당연히 그는 우리가 가난한 자들을 돕기를 원하셨다. 하지만 선한 의도만으로는 충분하지 않다. 예수님은 결코 어떤 강제적이고 도둑질에 근거한 정치적, 경제적 방법을 지지하지 않으셨다. 부의 강제적 재분배는 강도질이다. 그런 정책은 부도덕한 것이다.

도덕성 여부를 차치하고라도(이는 다음 장에서 더 다루기로 한다) 재분배정책은 빈곤문제를 해결하는데 반복적으로 실패해왔다. 사회주의자들은 가난한 자들이 가난한 이유가 바로 부자들이 부자이기 때문이라고 믿고 행동한다. 그래서 그들은 부를 창출하는 정책보다 부를 나누는 정책을 지지한다.

경제적 평등에 집착하는 것은 동정심을 나타내는 것이 아니다. 경제적 평등이 만약 아이디어에 머문다면 그것은 허풍이고, 실제로 공공정책이 된다면 그것은 파괴적이다. 큰 파이를 굽는 대신, 성공한 사람들을 악마시하고 파이를 쪼개는데 시간을 허비하고 있는 것이다.

사회 정의

토크빌은 "평등을 위한 타락한 경향이 … 강한 자들을 약한 자기들의 수준으로 끌어 내리게" 한다고 말했다. 이 평준화의 충동은 사회주의적 이념에 바람을 넣는다. 그리고 그것은 "정의"롭고 "공평"한 것으로 여겨져 수많은 사람들을 현혹한다.

최근 뉴스를 장식하는 아주 교활한 개념은 "사회 정의 (Social Justice)"다. 이 개념을 포용하는 사람들이 모두 사회주의자는 아니지만, 사회 정의를 외치는 것은 사회주의자들의 핵심 전술이 되어버렸다. 경제교육재단(FEE) 동료 존 밀티모어(Jon Miltimore)가 표현하듯, 이 "사회 정의"라는 수사학은 불평등을 청산하기 위해 그들이 "보다 부드럽고 점잖은 버전"을 강요하려 드는 것이다. 그 이유는 이렇다.

미국 헌법은 각 주가 모든 시민들에게 '법의 동등한 보호'를 거부하는 것을 금하고 있기 때문에 사람들을 다르게 대우하는 법을 제정할 수 없는데, '보다 부드럽고 점잖은 버

전의 사회 정의'는 사기업과 엘리트 대학들이 스스로 부
와 특권의 불균형을 바로잡도록 요구하기 때문이다.

　사회 정의 메시지는 기독교인들을 포함해 많은 사람들
을 속이고 있다. 이 사회 정의 전사[2]들은 스스로 천사의 편
에 서있다고 믿는다. 그들은 "억압받는 자"들을 변호한다
고 주장한다. 그들은 인종차별과 모든 편견을 상대로 투쟁한
다고 말한다. 보수주의 칼럼니스트이자 저자인 조나 골드버
그(Jonah Goldberg)는 <프래거유> 비디오를 통해 이를 잘 표
현했다.

　　[사회 정의는] 어느 누구도 반대하거나 지지하지 않을 수
　　없는 온갖 '좋은 것'들의 약칭으로 사용됩니다. 이제 그 뜻
　　은 아주 모호해져서 운동가들이 원하는 것 무엇이든 의미
　　할 수 있게 되었지요.

　무슨 일이 일어나고 있는지 분명히 할 필요가 있다. 이런
변화를 강요하는 자가 누구이든 혹은 무엇이든 간에, 이 사
회 정의 프로그램을 이행하는 것은 결국 사람들을 불평등

2　Social Justice Warrior(SJW)는 영어권에서 소위 '정치적 올바름(Political
　　Correctness)'에 과도하게 집착하는 활동가들을 지칭한다.

한 대우로 밀어 넣는다. <인텔렉츄얼 테이크아웃>(Intellectual Takeout)의 공동창립자이자 최고경영자인 나의 친구 데빈 폴리(Devin Foley)는, "모든 정체성 그룹이 서로 평등해질 때까지는 정의로운 사회가 존재할 수 없다는 신념"이 사회 정의 운동을 이끌고 있다고 말한다. 이것은 개인주의와 전적으로 반대되는 완전한 집단주의 개념이다. 폴리는 말한다.

> 이런 사회 체제에서는 개인이 그 행동으로 판단 받는 것이 아니라, 그가 속하거나 연관이 있는 특정 그룹에 근거해 평가된다.

사회 정의 전사들은 "억압자"와 "억압받는 자"를 구분하고 집단행동을 통해 억압받는 자를 일으키고 억압자를 끌어내리는 것이다.

전통적 의미의 '정의'란, 사람이 그 행동으로 판단 받는 것을 의미한다. 하지만 위와 같은 의미로 본다면 인종차별과 편견이 부도덕한 이유가 개인의 행동 때문이 아니라 그가 속한 특정 그룹 때문인 것이다. 일종의 연좌제다.

사회 정의도 마찬가지로 인종차별과 편견을 정죄한다. 문제는 사회 정의 전사들이 어떻게 이 문제를 바로잡으려고 하느냐에 있다. 폴리에 의하면 그들은 인종차별과 같은 문제를 바로잡기 위해 "그들이 없애려고 하는 바로 그 악행을 그대로 저지른다. 그들은 개인의 행동이 아니라 그 개인이 연관되어 있는 특정 정체성 그룹에의 소속을 근거로 대우하는 것"이다. 예를 들어 사회 정의 전사는 백인 이성애자 남성을 그 행동이 아니라 오로지 수백 년 전 그가 속한 정체성 그룹이 미국 정부를 설립했다는 이유로 인종차별주의자라고 정죄한다. 많은 사회 정의 전사들은 미국의 제도가 구조적 인종차별주의와 동성애혐오를 조장한다고 여긴다. 때문에 모든 백인 이성애자 남성이 그 "특권"을 누리고 있다고 판단한다. 그 백인 남성이 이런 내용을 자각하고 있는지는 상관이 없다. 그는 그의 존재 자체로 이미 문제의 일부분이다. 폴리의 말대로 "그가 속한 정체성 그룹이 인종차별적이기 때문에 그도 인종차별주의자가 된 것"이다.

이들 역시 사회 정의를 변호하기 위해 예수님을 언급한다. 목사이자 유명한 블로거인 존 파블로빗츠(John Pavlovitz)는 2018년에 "예수는 사회 정의 전사였다"라는 칼럼을 썼다. 또 다른 기독교 블로거이자 <에젤라이징>(Ezel Rising)이라는 웹사이트의 창립자인 시에라 화이트(Sierra White)도 2019년에 "예수 – 첫 번째 사회 정의 전사"라는 기사를 올렸다. 이들이 내세우는 주장의 근거를 보자. 화이트는 다음의 질문으로 시작한다.

예수님은 목소리를 높이셨는가? 억압과 인종차별과 성차별에 대해 문제를 제기하셨는가?

그리곤 스스로 답한다.

그렇다, 예수님은 그러한 사회 문제에 대해 목소리를 높이셨다.

여기서 또다시 이들은 사회 정의를 아무도 반대하지 않을만한 어떤 숭고한 의도 정도로 축소시키는 것을 볼 수 있다. 하지만 진짜 물어야 할 질문은 이것이다. 예수님이 오늘날 사회 정의 전사들의 '방법들'을 과연 지지하셨을까? 결코 아니다. 화이트는 신약성경의 여러 사건들을 나열하며 예수가 "첫 번째 사회 정의 전사"였음을 주장하고 있다. 하지만 그 중 단 하나의 예에서도 예수님이 어느 개인을 특정 정체성 그룹에 뭉뚱그려 취급하지 않으셨다. 오히려 그 반대였다. 화이트가 말하듯 예수님은 반복적으로 "여성을 변호하셨고 사회에서 버림받은 사람들에게 친절과 자비를 베푸셨다." 또한 "유대인이었던 예수님이 어울리지도 말아야 한다고 여겨졌던 자들(갈릴리인, 사마리아인들, 병들고 귀신들린 자들, 죄인들 등)을 사랑하셨다." 하지만 예수님은 그들이 [속한 정체성 그룹이 아니라] 각 개인에게 하나님이 부여하신 존엄성과 가치를 보셨기 때문에 그들을 사랑하신 것이었다.

한편 파블로빗츠 목사는 예수가 사회 정의 전사라는 그의 주장을 뒷받침하기 위해 예수가 "동정심 많은 분이었으며 현상을 바꾸려는 사람"이었고 "친절히 병 고치는 분이시자 급진적인 운동가"였다고 주장한다. 또한 "벽을 허무는 사람이자 울타리를 부수는 사람이고 지극히 작은 자를 사랑하는 사람"이었기 때문에 예수님은 분명 사회 정의 전사였다고 주장한다. 여기에 덧붙여 파블로빗츠는 예수가 "섬김과 관대함과 공감과 희생의 행동으로 삶의 모든 것을 쏟아 부었다"고 말한다.

그렇다. 예수님은 이 모든 것이셨다. 하지만 이 모든 것들은 그가 말하는 사회 정의 전사와 거리가 멀다. 예수님은 행동을 통해 "네 이웃을 네 몸과 같이 사랑하라"는 가장 중요한 명령을 구현하셨다. 그 명령은 우리 각 개인의 인격을 향한 부르심이었다. 그것은 정부의 명령을 위한 부르심이 아니었을 뿐 아니라, 우리 개인의 독특한 개성을 어떤 얼굴 없는 정체성 그룹으로 뭉뚱그려 묶어버리는 그런 집단 운동으로의 부르심도 아니었던 것이다.

폴란드의 위대한 철학가이자 전체주의적 사회주의에 대한 강력한 비평가였던 레스첵 콜라코프스키(Leszek Kolakowski)는 『신은 행복한가?』(*Is God Happy?*)라는 책에서, "'사회'의 공통 선이 개인의 이익보다 우위에 있다고 주장하는 것

예수는 사회주의자였을까

을 넘어 인격체로서의 개인의 존재 자체를 사회 전체의 존재로 축소시킬 수 있다고 주장하는, 즉 개인의 존재가 사실 실존하지 않는다고 주장하는 미개한 사회철학"을 비판했다. 콜라코프스키가 말한 다음과 같은 결론을 우리 모두 되새겨야 한다.

이런 철학은 노예제를 위해 아주 편리한 기초 이념이다.

2019년 10월 10일, 가난한 자들의 영웅이었던 폴 폴락
(Paul Polak)이 사망했다. 뉴욕타임스의 추모 기사 제목은 이
러했다.

> "하루 2달러로 사는 사람들을 위한 기업가 폴 폴락이 86
> 세의 나이로 사망하다."

이 인물의 생애는 여러모로 아주 중요한 교훈을 던진다.
다음은 기사의 일부분이다.

> 해외 원조가 대부분 자선에 의존하고 있는 이 시대에, 폴
> 락은 사람들에게 식수나 숯, 당나귀 수레 운반, 혹은 휴대
> 폰 충전을 위한 전기 공급 등의 기초 필수품을 이웃들에게
> 팔아 생활비를 버는 방식을 가르쳤다. 그가 창립한 비영리
> 회사들은, 물론 기부를 받기도 했지만 그 돈을 수혜자에게
> 전달하는 것이 아니라 그 돈으로 가난한 사람들이 돈을 직
> 접 벌 수 있는 사업을 만들어 주었다. 그의 대상 고객은 하

루 2달러로 생존하고 있는 7백 만 명의 사람들이었다. 그는 이들을 찾아 전 세계를 누볐다.

폴락은 어떤 사업이든 시작하기 전에 그 마을 주민들 수십 명을 인터뷰했다. 2011년에 그는 이렇게 말했다.

"나는 약 3천 가구를 면담했습니다. 한 가구를 인터뷰하는 데 하루 6시간이 걸렸지요. 그들과 논밭을 걸으면서 그들의 아침식사는 무엇인지, 아이들이 학교에 오가는 거리는 어느 정도인지, 그들의 개는 무엇을 먹는지, 그리고 어떻게 가계소득을 얻는지를 묻습니다. 무슨 어렵고 복잡한 일이 아닙니다. 모든 사업가는 고객과 소통해야 한다는 것을 전 잘 알고 있을 뿐입니다."

그의 가장 성공적인 사업은 족동식(足動式) 페달 펌프였다. 그는 1982년부터 방글라데시와 인도에서 수백만 개의 페달 펌프를 개당 25불에 팔았다. 이 사업을 위해 그가 창립한 국제개발기업(International Development Enterprises, iDE)은 현재 아시아와 아프리카, 그리고 남미에서 활약하고 있다.

폴 폴락은 사망 당시 큰 부자였다. 우리가 멸시해야 하고 그 가진 것을 모두 뺏어야 한다고 사회주의자들이 주장하는, 그 "1퍼센트" 중 한 명이었다. 하지만 그의 혁신은 세 개 대륙에서 최소 수 백 만 명의 삶을 풍성하게 만들었다. 그의 출신 배경을 알면 더욱 놀라운 일이다.

예수는 사회주의자였을까

1933년 체코슬로바키아의 어느 유대인 가정에서 태어난 그는 전기와 수도가 없는 집에서 자랐다. 그의 가족은 1939년 나치의 점령을 피해 캐나다까지 피신했다. 거기서 그는 의대를 졸업했고 23년 동안 정신과 의원을 운영했다. 뉴욕타임스 기사에 의하면 그는 "추가 소득을 얻기 위해 임대업도 하고 석유 시추 일을 하면서 펌프 잭을 발명"하기도 했다. 이후 그는 돈을 충분히 벌고 은퇴했다.

그리고 그는 원래 꿈이었던 가난한 사람들의 기업가 정신을 살려주는 일을 시작할 수 있었다. 폴락은 "물고기 잡는 법을 가르쳐야 한다"고 생각하는 사람들 중 하나였다. 하지만 그의 접근 방식은 자선, 즉 "물고기를 주는" 것이 아니라 물건을 파는 세일즈였기 때문에, 많은 정치인들과 관료들, 그리고 그가 "기득권"이라고 부른 사람들과 충돌하곤 했다. 그는 정부가 하듯이 다른 사람의 돈(세금)을 마구 뿌리지 않았다. 그의 해결책은 그 스스로의 시간과 돈을 투자한 것이었기 때문에 성공해야만 했고, 성공해야만 했기 때문에 성공할 수 밖에 없었다.

폴락의 접근 방식과 정부 접근 방식이 다른 점은 그의 저렴한 페달펌프가 팔리기 시작했을 때 극명하게 드러났다. 당시 세계은행은 보조금으로 개도국에 비싼 디젤 펌프를 지원하고 있었다. 뉴욕타임스 기사에 의하면 이 정부 지급 펌프는 각각 약 40에이커의 땅[1]을 충족시킬 수 있었다. 하지만 이 펌프를 지급하는 정부 요원들은 언제나 뇌물을 받기 일쑤였다. 결국 가장 돈 많은 땅주인이 펌프를 독점해 지하수를 고갈시키고 주민들에게 물을 되파는 경우가 다반사였다. 폴락은 정부 프로그램의 효과를 한마디로 요약한다.

그것은 사회 정의에 매우 파괴적이었습니다.

나는 폴 폴락과 같은 기업인들의 이야기를 들을 때마다, 이런 사람들이 기업가 정신을 발휘해 직접 나서지 않았다면 어떠했을까를 생각해본다. 만약 정부가 그의 소득의 90%를 가난한 사람들을 돕겠다는 명목으로 가져가 복지 프로그램으로 세탁해버렸다면, 과연 그가 이룬 업적의 조금이라도 이룰 수 있었을까? 답은 분명하다.

동정심

폴 폴락은 소위 빈곤 퇴치자들보다 훨씬 더 많은 가난한 사람들에게 도움을 줬다. 그는 빈곤에 대한 장기적 해답이 부의 재분배가 아니라 부의 창출인 것을 잘 알았다. 또한

---

1   약 16만 제곱미터

그는 그 일을 위해 누구에게 세금을 걷지도 않았다. 하지만 문제는 이 세상에 폴 폴락들보다 재분배주의자들이 훨씬 더 많다는 것이다.

나는 재분배를 지지하는 사람들의 대다수가 분명 선한 의도를 가지고 있다고 믿는다. 그들은 진심으로 가난한 자들을 돕길 원하고 또한 그들 중 많은 이들은 복지 국가 모델이 기독교 정신에 부합한다고 믿을 것이다. 또한 정부의 복지 프로그램들을 지지하는 것이 진정한 동정심의 표현이라고 생각할 것이다. 하지만 과연 그럴까?

예수님은 동정심을 우리 모두가 가져야 할 유익한 덕목으로 보셨지만 신약성경 어디에도 그것이 총구를 들이밀며 강요해야 할 가치라고 암시하는 내용은 없다. 기독교인들은 서로 사랑하고 기도하며, 친절하고 섬기며, 용서하고 진실하며, 하나님을 예배하며, 영과 성품 안에서 배우며 자라나야 한다. 이 모든 것은 개인의 영역이다. 왜냐하면 각 개인의 마음에서 우러나와야 하는 것이기 때문이다. 여기에는 정치인이나 경찰이나 관료들이나 정부 프로그램을 필요로 하지 않는다.

진정한 동정심은 강한 가정과 공동체, 그리고 자유와 자립을 위한 방패제다. 강요가 동반된 가짜 동정심은 위험할 뿐 아니라 의심스러운 결과를 낳는다. 진정한 동정심은 진심에서 우러나온 돌봄과 형제애를 통해 증명된다(선한 사마리아인을 생각해보라). 그것은 국가나 연방 금고에서 나오는 것이 아니다. 진정한 동정심은 지극히 개인적인 것이지, 다른 사람에게 비자발적인 부담을 지워 발생한, 멀리 떨어져 있는 어떤 관료의 수표가 아니다.

마빈 올라스키(Marvin Olasky)가 그의 책 『미국 동정심의 비극』(*The Tragedy of American Compassion*)에서 지적하듯이, 옥스퍼드 영어사전에서 의미하는 동정심(compassion)의 원래 정의는 다음과 같다. "타인과 고통을 함께하는 것, 혹은 고통에 참여하는 것." 1834년 노아 웹스터(Noah Webster)의 미국 영어사전도 동정심을 "다른 사람과 고통을 함께 하는 것"이라고 정의하고 있다. 영어의 "com-"은 "함께"를 의미한다. "passion"은 "고통 받다"를 의미하는 라틴어 "pati"에서 파생됐다. 즉 동정심은 가난한 자들에게 단순히 무엇을 주는 것이 아니라 그들과 함께 고통 받는 것이다. 이것은 아주 깊은 개인적인 관여를 강조하는 것이다.

오늘날 많은 사람들, 특히 사회주의자들과 진보주의자들이 '동정심'을 이야기할 때는 이 단어의 원래 뜻을 탈락시킨다. 올라스키에 의하면 그들은 동정심을 단순히 "타인의 고통이나 고뇌를 보고 느끼는 감정, 혹은 그 고통을 해소하고자 하는 욕구" 정도로 여긴다. 하지만 이것은 동정심의 원래 의미와 큰 차이가 있다. 앞서 이야기한 원래의 동정심은 개인적 행동을 요구하는 반면, 이들의 동정심은 단지 "느낌"을 의미한다. 이 느낌은 종종 정부와 같은 다른 주체가 그 고통의 문제를 해결할 것을 바라고 촉구하게 한다. 전자가 적십자 자원봉사자라면, 후자는 자기 것은 하나도 내놓지 않으면서 남의 돈으로 온갖 구제를 약속하고 자랑하는 정치선동꾼인 셈이다.

책임 전가

정부의 동정심은 개인이나 사적 차원의 동정심과 확연히 다르다. 따라서 정치인이 구호사업을 위해 정부 기금을 얼마만큼 쓰자고 하는 것은 그가 가진 동정심의 잣대가 될 수 없다. 라이트 주립대(Wright State University)의 윌리엄 어바인(William B. Irvine)교수는 다음과 같이 설명한다.

> 어느 사람이 국방 예산을 늘리자고 주장한다 해서 그 사람의 용맹심이 증명되거나, 체육 프로그램에 정부 예산을 투자하자고 주장한다고 해서 그 사람의 건강함을 증명하지 않는다. 그렇게 생각하는 것은 황당한 것이다. 온종일 소파에 앉아 텔레비전만 보는 게으른 사람이 체육선수들에 대한 정부 지원을 지지할 수 있듯이, 동정심이 전혀 없는 사람도 각종 정부 구호사업을 지지할 수 있다. 반대로 동정심이 많은 사람이 그런 사업에 반대하는 경우도 있다.

어바인 교수는 어떤 사람이 얼마나 동정심이 많은지 알기 위해서 그 사람이 누구에게 투표했는지 물어보는 것은 당연히 무의미하다고 말한다. 대신 그 사람이 어떤 자선 사업에 기부를 하고 최근에 자원봉사를 했는지를 알아보아야 할 것이다. 혹은 그 사람의 주변 친척이나 친구 혹은 이웃들 중 도움이 필요한 사람이 있을 때 어떤 도움을 주었는지 물어보아야 할 것이다.

실제로 정치 세계에서 떠들썩한 많은 복지 국가 옹호자들에게서는 진짜 동정심을 찾아보기는 어렵다. 사회주의자들이나 진보주의자들은 대체로 자선기부에 있어서 매우 인색하다. 반면 작은 정부를 옹호하는 보수주의자들이나 자유주의자들은 자신의 주머니에서 많은 돈을 관대하게 기부하곤 한다. 이에 대한 증거는, 시러큐스 대학 교수와 미국 기업연구소의 회장을 역임한 아더 브룩스(Arthur Brooks)의 2006년 저서 『진정으로 돌보는 이는 누군가』(*Who Really Cares?*)에 풍부하게 기록되어 있다.

진정한 기독교는 가난한 자들이 곤경에 처했을 때 그 책임을 정부에 전가하지 않는다. 가난한 자들이 국가에 의존하도록 만드는 것이 아니라 고난을 극복하도록 돕는 것은 지난 2천 년 간 진정한 기독교인의 마땅한 모습이었다. 이는 자기 자신이 하나님의 은총을 입은 것에 대한 자발적인 반응이기도 하다. 이것은 자신을 내어주는 개인적인 결정

예수는 사회주의자였을까

을 수반한다.

예를 들어 고린도후서 9장 7절에서 바울이 한 말을 보자.

각각 그 마음에 정한 대로 할 것이요 인색함으로나 억지로 하지 말지니 하나님은 즐겨 내는 자를 사랑하시느니라."

바울은 그의 긴 여정 가운데서 도움이 필요한 사람들을 직접 도우며 그가 가르친 것을 실천했다. 사도행전 20장 34절부터 35절에 보면 그는 이렇게 말한다.

여러분이 아는 바와 같이 이 손으로 나와 내 동행들이 쓰는 것을 충당하여 범사에 여러분에게 모본을 보여준 바와 같이, 수고하여 약한 사람들을 돕고 또 주 예수께서 친히 말씀하신 바 '주는 것이 받는 것보다 복이 있다' 하심을 기억하여야 할지니라.

바울은 동료 기독교인들에게 스스로 모범이 되었지만 가난한 사람들을 도울 것을 그들에게 강제하지 않았음을 알 수 있다. 고린도후서 8장 8절에서 그의 말은 분명하다.

내가 명령으로 하는 말이 아니요 오직 다른 이들의 간절함을 가지고 너희의 사랑의 진실함을 증명하고자 함이로라.

같은 장 24절에서도 바울은 마음에서 우러나오는 것을 다른 사람들도 알 수 있도록 자유롭게 나누라고 강조한다.

그러므로 너희는 여러 교회 앞에서 너희의 사랑과 너희에 대한 우리 자랑의 증거를 그들에게 보이라.

케이토(Cato) 연구소의 더그 밴도우(Doug Bandow) 선임연구원은 그의 책 『선한 의도를 넘어: 성경적 정치관』(*Beyond Good Intentions: A Biblical View of Politics*)에서 다음과 같은 질문을 통해 바울이 말한 "즐겨내는 자"의 중요성을 강조한다.

바울은 자신이 세운 교회의 성도들에게도 불행한 형제들을 도울 것을 강요하지 않았다. 그런 그가 불행한 사람들을 돕는 명목으로 정부 당국이 비기독교인에게서 세금을 걷는 것에 동조하겠는가?

그럴 수 없다. 신약 성경의 어디에도 바울이 강제적이고 사회주의적인, 혹은 복지 국가 모델의 조치들을 추구하거나 지지했을 것이라는 암시를 찾을 수 없다. 바울은 도움을 필요로 하는 사람들이 자선을 베푼 형제들에게 빚을 졌다고도 말한다. 데살로니가후서 3장 7절부터 10절에서도 그는 이렇게 썼다.

예수는 사회주의자였을까

우리가 너희 가운데서 무질서하게 행하지 아니하며 누구에게서든지 음식을 값없이 먹지 않고 오직 수고하고 애써 주야로 일함은 너희 아무에게도 폐를 끼치지 아니하려 함이니 … 오직 스스로 너희에게 본을 보여 우리를 본받게 하려 함이니라. 우리가 너희와 함께 있을 때에도 너희에게 명하기를 누구든지 일하기 싫어하거든 먹지도 말게 하라 하였더니.

예수님과 바울, 그리고 초대교회 지도자들은, 강요나 강제력에 의한 것이 아닌 각 사람의 자율적인 인격의 성숙을 강조했음을 알 수 있다. 선한 인격은 많은 덕목과 성품을 나타내는데 그 중에는 불행한 자들에 대한 공감과 그들의 삶을 개선하려는 열망이 포함된다.

'빈곤과의 전쟁'의 실패

정부 프로그램에 대한 지지가 동정심의 표현이 될 수 없는 또 다른 중요한 이유가 있다. 바로 가난한 사람들을 돕는데 있어서 이 프로그램들이 사적 차원의 노력들보다 매우 비효율적이라는 것이다. 우리가 해야 할 일을 정부에게 맡기면 정부로부터 과도하거나 불가능한 것을 기대하게 되고, 결국 커다란 실망을 하게 된다. 우리는 아무런 문제도

해결하지 못한 채 도리어 비싼 돈을 들여 그 문제를 영속시키는 방향으로 진행시키고, 또 그 와중에 새로운 문제들을 만들어 내게 된다.

경제학자들은 1960년대 중반부터 미국에서 실시한 '빈곤과의 전쟁'(War on Poverty)이, 그 주창자들이 약속한 것을 전혀 달성하지 못한 실패작이었다고 입을 모은다. 미국의 빈곤율은 정부가 빈곤문제에 전쟁을 선포하기 전에 이미 큰 폭으로 감소하고 있었다. 그러나 빈곤과의 전쟁이 시작되자 빈곤율은 오히려 그대로를 유지했다. 연방정부가 어마어마한 액수의 국민 세금을 빈곤 퇴치 프로그램에 쏟아 부었음에도 빈곤율은 꿈쩍하지 않았다. 지난 반세기 동안의 빈곤과의 전쟁에 약 22조 달러(2012년 고정달러 기준)를 투자했다. 이는 미국이 치렀던 역사상 모든 전쟁에 투입한 금액의 3배에 달하는 돈이다. 이 내용은 경제교육재단 홈페이지(FEE.org)에서 다니엘 J. 미첼(Daniel J. Mitchell)이 쓴 「미국 빈곤율은 급감하고 있었다 - 린든 존슨이 전쟁을 선포하기 전까지는」(*Poverty in the US Was Plummeting - Until Lyndon Johnson Declared War on It*)"이라는 논문과, 헤리티지재단의 2014년 「빈곤과의 전쟁 50년 후」(*The War on Poverty After 50 Years*)"라는 보고서를 참조하라.

1996년에 빌 클린턴 대통령은 복지 개혁 법안에 서명했다. 이즈음 정부의 총 복지 지출은 1965년 GDP의 1%에서 무려 5%까지 상승해 있었다. 이는 대공황시기 지출기록을 갈아엎은 것이었다. 하지만 빈곤율은 1965년 당시와 정확히 그대로였다. 결과적으로 미국 납세자들은 가난한 사람들을 그대로 가난하게 유지하는데 천문학적인 돈을 지출한 것이다.

복지 개혁 법안이 통과되었을 때, 클린턴을 포함한 많은 사람들은 수백 만 명의 복지 수혜자들이 스스로 일어날 의욕을 꺾어버리는 심각한 의존성에 시달리고 있음을 알았다. 미국정부는 복지라는 이름으로 가정 파괴를 보상해주었고 혼외 출생 아동은 어마어마하게 늘어났다. 결국 "동정심 가득한" 정부 프로그램은 나쁜 상황을 더욱 최악으로 치닫게 한 것이다.

"미끼를 피하라"

그렇다면 거대 정부가 가난한 자들에게 현금을 살포하는 사회복지 프로그램만 피하면 되는 것인가? 대신 정부가 교회 등의 민간 자선 단체에 돈을 지불해 복지를 "민영화"시키면 어떨까? 이것이 바로 조지 W. 부시 대통령이 2001년에 실시했던 "종교단체 자선 사업 지원정책"이다. 정부의 자금과 민간부문의 협력을 시도한 좋은 의도였다.

부시 대통령이 미국의 민간부문, 특히 종교단체의 자선

사업 역량을 높게 평가한 것은 옳은 일이었다. 여러 가지 이유로 이들은 빈곤, 노숙자 문제, 문맹률 등의 사회 문제들을 해결하는데 정부 프로그램이나 관료들보다 훨씬 더 효과적이었다. 그들은 수혜자의 영적 필요와 행동 및 태도의 결핍까지 다루는 전인격적인 접근으로 문제의 근원을 해결하고자 했기 때문이다. 그들은 또한 책무를 중시하기 때문에 수혜자에게 격주마다 수표만 던져주고 그들의 파괴적인 행동양식을 내버려두는 우를 범하지 않았다. 수혜자들이 변화를 보여주지 않으면 자원봉사자들은 성금을 다른 수혜자에게 돌렸다.

정부 프로그램이 실패할 때마다 이 종교단체 로비스트들은 더 많은 자금을 요구할 명분이 생기고 종종 그들이 원하는 지원을 받아냈다. 매일 수 만개의 크고 작은 종교단체들이 경영전문가 피터 드러커(Peter Drucker)가 사회 문제 해결책에 대해서 했던 말을 증명해냈다.

> 정부가 결국 실패할 프로그램을 위해 쓰는 자금보다 훨씬 더 적은 돈으로 비영리 민간기관들은 좋은 결과를 만들어 냅니다.

「월스트리트저널」의 존 펀드(John Fund)는 매우 간결하지만 함축적인 한 마디의 질문으로 민간영역에 대한 본능적 신뢰를 드러낸다.

> 만약 당신에게 뜻밖에 소득이 생겨서 가난한 자들을 돕고
> 싶다면, 단 한 순간이라도 그 돈이나 당신의 시간을 정부
> 에게 투자하시겠습니까?

수백만의 미국인들 중 어느 누구도 적십자나 구세군에 기부할 돈을 정부의 복지부처에 내지 않는다. 사회주의자들도 마찬가지다.

부시 행정부가 시도한 이 정책의 문제점은, 많은 비평가들이 우려한 것처럼 종교단체가 정부를 부패하게 한데에 있지 않았다. 정부는 이미 거금과 필요 이상의 막대한 권력을 가지고 있었기 때문에 부패에 필요한 모든 요소들을 갖추고 있다. 부시 정책의 진짜 문제는 바로 그 정책이 정부로 하여금 종교단체들을 부패시킬 수 있는 위치에 올려놓았다는 것이다.

이내 드러난 심각한 문제는 바로 연방정부의 지원이 국가보조금에 대한 교회들의 의존성을 높인 것이다. 하나님이 그분의 일을 하시기 위해 연방 자금을 필요로 하지 않으신다고 주장했을 법한 많은 신앙인들이, 이 부시 행정부의 정책을 통한 기금을 확보하려고 모인 긴 행렬에 동참했다. 사실 이러한 부패는 로마 제국에서 똑같이 일어났던 일이

다. 수십 년 동안 외면과 박해를 받던 기독교인들은, 콘스탄티누스 대제가 권력을 잡은 AD 324년에 갑자기 로마 정부의 특혜를 누리기 시작했다. 로마 제국은 처음으로 사제들과 교회들, 그리고 그들의 사역에 보조금을 지원했다. 숨어있던 기독교인들은 카타콤에서 나와 국가의 혜택을 만끽했다. 머지않아 교회는 황제의 지원에 전적으로 의존하게 되었다. 이후 AD 361년 줄리안 황제가 교회에 대한 국가의 지원을 철회하자 교회는 속수무책으로 무너졌다. 학교에서 가르치던 기독교 교사들도 쫓겨났다. 4세기 로마의 기독교인들은 그들의 신앙은 물론 로마사회 전체를 위해서라도, 시인 존 드라이든(John Dryden)의 표현처럼 그들의 순결과 독립성을 지켰어야 했다.

덫에 빠져 허우적대기보다 미끼를 피하는 편이 낫다.

정부의 종교단체 지원에 있어서 가장 근본적인 문제는 정부 본래의 속성에서 비롯된다. 강제적인 징세권을 가지고 있는 정부의 모든 기금은, 민간부문이나 종교단체의 사업이 추구하는 자율적이고 내적 동기에 의거한 자선의 본래 속성과 충돌할 수 밖에 없다. 시작부터 끝까지 민간 자선 사업이 하는 것은 사람들의 자유의지를 전달하는 것이다. 어느 누구도 지원이나 지불을 강요받지 않는다. 관여하

예수는 사회주의자였을까

는 모든 사람들이 자기 스스로의 자유의지에 따라 모여 행동하는 것이다. 그것이 바로 자선의 매력이다.

여기서 기부자와 공급자, 그리고 수혜자의 고리가 매우 강할 수 밖에 없는 이유는, 바로 각 사람들이 조금의 불성실이나 약속의 불이행, 혹은 미진한 성과를 이유로 언제든지 즉각 떠나버릴 수 있다는 데 있다. 모두가 각자의 시간과 자원을 자발적으로 투입하기 때문에 각자 자신의 역할에 집중하고 다른 부차적인 안건, 가령 정치인들의 비위를 맞추는 등의 일에 매이지 않을 수 있다.

우리가 역사의 많은 복지 국가들로부터 얻는 교훈이 있다면, 바로 그들 누구도 빈곤의 문제를 해결하지 못했고 더 나아가 오히려 많은 문제들을 새롭게 만들어냈다는 것이다. 가난한 자들은 여전히 우리 곁에 있다. 복지 국가는 욕심 많고 근시안적인 정치인들에게 힘을 실어주고 부패를 낳으며 노동 윤리를 약화시키고 의존과 가정 파괴를 유도하고 더 효과적인 민간 주도의 계획을 좌절시켰다. 또한 경제적으로나 영적으로도 우리의 미래를 속박한다. 어느 관점으로 보나 이는 선한 동정심이나 성품과 정반대인 것이다. 역사적으로 거대한 복지 국가만큼 위험한 것이 없었다. 그것은 수많은 나라들을 파국으로 몰았다. 반면 진정한 동정심의 과잉으로 파산한 나라는 없다.

합법 여부를 떠나 강탈로 빈곤을 해결하려고 하는 것보

다 훨씬 나은 방법들이 있다. 자유 시장과 사적 소유 존중, 법치와 기업가 정신, 부의 창출, 개인의 책임, 그리고 자율적인 자선 등이다. 정부의 강제력은 이 모든 좋은 방법들을 밀어낸다.

대다수의 사람들은 도움이 필요한 사람들을 돕고 싶어 한다. 중대한 문제는 어떻게 도울 것이냐는 것이다. 이제 적어도 강제력의 사용과 강탈, 그리고 국가에 대한 의존성이 "기독교적인 방법"이라는 주장은 더 이상 하지 말자.

예수는 사회주의자였을까

위대한 교부 어거스틴은 1,600년 전에 『산상수훈 강해』를 썼다. 이 책은 다음과 같이 시작한다.

> 누구든 마태복음에 기록된 우리 주 예수 그리스도의 산상
> 설교를 경건하고 진지하게 숙고한다면, 나는 그가 최상의
> 도덕에 관한 한 가장 완벽한 그리스도인의 삶의 기준을 찾
> 을 수 있을 것이라고 믿는다.

어거스틴의 평가를 부정하는 기독교인은 많지 않을 것이다. 예수님이 공생애 초기에 전하신 산상수훈은 그의 가장 긴 설교이다. 마태복음의 세 장(5-7장)으로 구성되어 있으며 신약성경 다른 곳에도 종종 인용되어 있다. 잘 알려진 팔복과 주기도문도 이 설교에 포함되어 있으며, 그리스도인의 마땅한 삶에 대한 금광과 같은 교훈들이 담겨있다.

참고로 어거스틴은 흥미로운 삶을 살았다. 타락한 로마 제국이 무너지고 야만인들이 영원한 도시라고 불렸던 로마를 약탈하는 동안, 어거스틴의 기독교 변증은 멈추지 않았

예수는 사회주의자였을까

다. 서구 사상과 기독교 교리의 거목이었던 그는 세속의 정치권력에 대해 회의적인 입장을 견지하고 있었다. 그는 그의 대표작 『하나님의 도성』에 이렇게 적었다.

> 악인들의 지배는 통치하는 자신들에게 주로 해를 끼친다. 왜냐하면 그들 아래 예속된 사람들은 통치자들의 불의에 의하여 상처를 입을 따름이지만, 지배권을 가진 사람들은 자기 마음 내키는 대로 악을 행함으로써 스스로의 영혼을 파괴시키기 때문이다. 지배자가 부과하는 모든 해악이 의로운 사람에게 있어서는 죄에 대한 처벌이 아니라 그의 덕성을 드러내는 시금석이 될 것이다. 그러므로 선인은 비록 노예라고 할지라도 자유롭다. 그러나 악인은 비록 지배권을 가지고 있다고 할지라도 노예이다. 그것도 한 주인이 아니라 훨씬 더 애석하게도 자기가 행한 악행의 수만큼 많은 주인의 노예이다.

어거스틴은 세상 권력을 잡고 있다고 해서 다른 사람의 삶을 기획할 수 있는 특별한 능력을 가지고 있다고 믿지 않았다. 그에게 세상 법이나 명령은 아무런 이의 제기 없이 수용되어야 하는 것이 아니었다. 그는 "불의한 법은 법이 아니"라고 말했다. 그에게 정부는 기껏해야 필요악이었고 커지면 커질수록 더 위협적인 존재로 보았다. 『하나님의 도성』의 다음 문단에서 그는 세상 정부의 합법성 자체를 문제 삼고 있다.

> 정의가 결여된 왕국은 강도떼가 아니고 무엇인가? 강도떼역시 그 자체로는 작은 왕국이지 않는가? 강도떼도 사람들로 구성되어 있다. 그것은 한 사람의 두목에 의하여 지배되며, 결합체의 규약에 의하여 조직되고, 약탈물은 일정한 원칙에 의하여 분배된다. 만약 무뢰한들을 가입시킴으로써 큰 무리를 이루어 어떤 지역을 확보하고 거주지를 확정하고 도성들을 장악하고 민족들을 굴복시킬 지경이 된다면, 왕국이라는 호칭을 아주 용이하게 획득하게 된다. 왜냐하면 탐욕을 제거시킴으로써가 아니라 아무 징벌을 받지않음으로써, 왕국이라는 명칭에 명백히 실체가 부여되었기때문이다. 사실 알렉산더 대왕에 의하여 사로잡힌 어떤 해적이 그에게 준 대답이 바로 이와 같았다. 즉 대왕이 해적에게 무슨 의도로 바다에서 남을 괴롭히는 짓을 하느냐고물었을 때, 그는 거침없이 다음과 같이 답변했던 것이다.
> "그것은 당신이 온 세상을 괴롭히는 그 의도와 같습니다. 단지 저는 작은 배를 가지고 그런 짓을 하므로 해적이라고불리고, 당신은 큰 함대를 가지고 그런 짓을 하므로 황제라고 불리는 차이가 있을 따름입니다."

예수는 사회주의자였을까

어거스틴은 평화의 사람이었다. 그는 그리스도인들이 서로간 혹은 타인과 아주 심각하게 잘못된 일이 일어나 폭력을 막기 위한 무력이 필요할 때를 제외하고는 서로 자율적인 교류에만 관여할 것을 강조했다. 그의 주장은 '정당방어'의 초기 이론이었고 오늘날 '비침해의 원칙'(non-aggression principle)으로 발전된 개념이다. 이 윤리 원칙은 어느 한 사람이 타인의 신체나 재산에 강제력이나 폭력을 가하지 않아야 한다는 것이다. 어거스틴은 국가의 합법적 약탈이 기독교의 형제애와 정의와 비폭력 원칙에 부합하다고 여기지 않았다.

모든 개인 성품의 덕성 중에서 어거스틴은 우리 시대에 종종 간과되는 하나의 덕성에 가장 높은 찬사를 남겼다. 바로 겸손이다. 우리는 겸손을 거만함이나 거짓 교만의 부재, 또는 자신의 한계를 인지하고 스스로 낮추는 것으로 정의할 수 있다. 그것은 우리의 지식의 한계와 자신의 결함을 인정하고, 그럼에도 동시에 계속 수양해야 한다는 것을 인정하는 것이다.

어거스틴은 이렇게 강조했다.

> 겸손은 다른 모든 덕성의 기초이다. 따라서 이 겸손이 존재하지 않는 영혼에는 다른 어떤 덕성도 오로지 외형만 있을 뿐 존재할 수 없다.

또 다른 곳에서는 이렇게도 표현했다.

덕성으로 높은 집을 짓고자 한다면, 먼저 겸손의 깊은 기초를 쌓아야 할 것이다.

어거스틴이 산상수훈을 그렇게 높이 평가한 것도 이 때문이다. 산상수훈에서 예수님은 많은 가르침과 주제를 다루셨지만 그 핵심 주제는 겸손이다. 그리고 겸손은 사회주의 이념의 핵심을 흔드는 덕성이기도 하다.

"부풀린 영혼"

산상수훈에서는 팔복 중에서도 첫 번째로 겸손에 대한 강력한 메시지로 시작한다.

심령이 가난한 자는 복이 있나니 천국이 그들의 것임이요 (마태복음 5:3).

(앞서 3장에서 다루었던) 누가복음 6장 20절의 평지설교와 비교해보라. 마태복음에서 예수님은 "소득과 물질이 가난한 자들은 복이 있다"고 말씀하지 않으셨다. 그는 빈곤을 칭찬하는 것이 아니었다. "심령이"라는 말은 빈곤과 다른

것을 의미하고 있다. 어거스틴은 여기서 의미하는 대상을
다음과 같이 설명한다.

> 심령이 가난한 자는 겸손하고 하나님을 두려워하는 사람
> 으로 이해하는 것이 맞다. 즉, 부풀린 영혼이 없는 자를
> 뜻한다.

부풀린 영혼이 없는 자. 잠깐 멈추고 생각해보자. 사람의
마음이 부풀려졌다는 것은 자신에 대한 확신이 가득 차 있
는 것과 다른 사람에게 잘난 체하며 종종 나름의 길을 가는
타인에게 너그럽지 못한 것을 말한다. 어거스틴은 이렇게
말한다.

> 교만한 사람을 바람을 불어 넣은 것처럼 부풀려졌다고 표
> 현한다는 것을 누가 모르겠는가?

예수님은 산상수훈 뒷부분에서 사람에게 보이려고 자신
의 의를 드러내는 것에 대해 경고하시면서 다시 겸손에 대
해 말씀하신다. 그런 꾸밈은 자신에게 조명을 비추려는 의
도로 일종의 부풀림 또는 과장이다. 그것은 그 의로운 행동
의 진정성을 훼손시킨다. 예수님은 예를 들어 말씀하신다.

> 그러므로 구제할 때에 외식하는 자가 사람에게서 영광을
> 받으려고 회당과 거리에서 하는 것 같이 너희 앞에 나팔을
> 불지 말라.

이어서 예수님은 기도와 금식에도 같은 원칙을 적용하신다. "큰 거리 어귀에서" 하는 기도와 "사람에게 보이려고 얼굴을 흉하게 하는" 금식을 하지 말라고 하셨다.

로마서 12장 3절에서 사도 바울도 겸손을 강조하며 비슷한 경고를 던진다.

> 내게 주신 은혜로 말미암아 너희 각 사람에게 말하노니
> 마땅히 생각할 그 이상의 생각을 품지 말고 오직 하나님
> 께서 각 사람에게 나누어 주신 믿음의 분량대로 지혜롭게
> 생각하라.

위대한 작가이자 기독교 변증가인 C. S. 루이스는 교만과 과장의 위험성을 다음과 같이 표현했다.

> 교만한 사람은 언제나 사람들을 비롯해 모든 것을 내려다
> 본다. 자연히 아래를 내려다보기만 하는 사람은 위에 무엇
> 이 있는지 보지 못한다.

예수님은 다른 길을 제시하셨다. 팔복 중에서도 첫 번째 복 있는 사람을 겸손한 사람, 즉 허영과 주제넘음과 자기애와 자신의 능력에 대한 과대 평가를 삼가는 사람이라고 말씀하셨다.

그럼에도 많은 사람들은 과도한 교만을 드러낸다. 특히 정치권과 정부의 세계는 그런 사람들을 유독 많이 끌어 모은다. 이 영혼의 '부풀림'은 특정 정치성향에 집중되지도 않고 좌우 스펙트럼을 망라한다. 하지만 분명한 건 이것이다. 바로 사회주의야말로 그 본래 속성상, 다른 사람들에게 가장 좋은 것이 무엇인지 자신만이 가장 잘 안다고 착각하는, 한껏 부풀려진 확신을 필요로 한다는 것이다. 스스로 사회주의자나 "민주적 사회주의자" 혹은 진보주의자라고 자처하는 정치 후보의 말을 잘 들어보라. 그들은 모든 것에 대한 계획을 다 가지고 있다. 그리고 그들의 계획은 당신이 할 수 있는 것과 할 수 없는 것을 포함하고 있다. 그들의 계획을 성사시키기 위해 필요로 하는 강제적 의무 조건들은 너무나도 많고 장황하다.

미국의 가장 영향력 있는 민주사회주의자 버니 샌더스를 예로 들어보자. 2020년 그의 대통령 캠페인은 "변화(transform)"라는 단어가 중심을 이뤘다. 캠페인 홈페이지에 올라온 그의 짧은 정책 브리프에는 "변화"라는 단어가 무려 14번이나 포함되었다. 샌더스는 "에너지 체계의 변화", "교통

부문의 변화", "농업 부문의 변화" 등을 약속했다. 그리고 그 모든 변화는 궁극적으로 "우리 사회의 완전한 변화"로 귀결될 것을 약속했다. 이 변화는 정부로부터 내려오는 프로그램과 명령으로 이루어질 것이었다.

2019년 10월 샌더스는 소셜 미디어에 다음과 같이 섬뜩한 자랑을 하기도 했다.

> 우리가 이기면 우리는 대통령제 자체를 근본적으로 바꿀 것입니다. 나는 최고사령관(commander-in-chief)이 아니라 최고조직자(organizer-in-chief)가 될 것입니다.

생각해보라. "조직"한다는 것은 친절한 조언과 제안을 통해 이루어지는 것이 아니다. 당신이 원하든지 원하지 않든지 그가 조직할 것이고 당신은 조직될 것이라는 의미다.

2016년 캠페인에서 샌더스는 "백만장자들과 억만장자들"을 상대로 욕을 퍼부었다. 하지만 나중에 그는 그 스스로도 백만장자임이 공개되어 난처해지기도 했다. 그래서인지 2020년 캠페인에서 샌더스는 백만장자들에 대한 언급을 멈추었다. CNBC 기자 제이콥 프라묵(Jacob Pramuk)은 토론 기록과 소셜 미디어 글들을 분석해 이러한 위선적 입장 변화를 꼬집었다.

또 다른 저명한 민주사회주의자인 알렉산드리아 오카

예수는 사회주의자였을까

시오-코르테즈 하원의원은 2019년 "그린뉴딜(Green New Deal)"이라는 법안을 제출하면서 전국의 관심을 끌었다. 이 광범위한 계획은 기후변화뿐 아니라 "구조적 인종문제, 지역과 사회 환경적, 그리고 경제적 불평등"을 해결하겠다는 취지였다. 이를 위해 이 법안은 "2차 세계대전과 뉴딜 이후 보지 못한 규모의 새로운 국가적, 사회적, 산업적, 경제적 동원"을 요구했다.

오카시오-코르테즈의 모든 것을 아우르는 계획에는 겸손이라곤 찾을 수 없다. 그것은 심지어 그녀의 환경 술책은 시민들의 집 개조 계획까지 참견하는 각종 명령으로 가득 차 있다. 그 계획은 어떤 기술들은 억제해야 하고 어떤 기술들은 보조금으로 지원되어야 하는지 처음부터 끝까지 설계하고 있다. 그 어떤 정치인이라도, 아무리 전문가들의 집단에 둘러 싸여 있다고 해도, 정확히 무엇이 필요하고 그 계획의 결과가 어떠할지 완전히 파악한다고 자부하는 것은 말 그대로 심각하게 부풀려진 영혼이 아닐 수 없다. 계획자들의 거만은 대체로 그렇다.

그런데 "우리 사회의 완전한 변화"라니! 시인 T.S. 엘리엇은 말했다.

겸손은 모든 덕성 중 가장 이루기 힘든 것이다. 자신을 낮추려는 마음처럼 쉽게 포기되는 것은 없다.

같은 맥락에서 맥 데이비스(Mac Davis)[1]의 노래에서도 이렇게 외친다.

"오, 주님, 겸손하기가 너무 어려워요!"

우리 모두 마찬가지다. 어쨌든 우리 모두는 인간이기 때문이다. 하지만 사회주의자들과 진보주의자들이 약간의 겸손만이라도 가지게 된다면 자기들의 권력 집중이 초래한 험악한 기록들을 볼 수 있을 것이다. 사회주의 실패의 역사적 기록은 부인할 수가 없다. 어찌된 일인지 사회주의자들은 항상 '이번만큼은' 과거와 달리 그들의 계획이 성공할 것이라고 확신에 찬 가정을 한다.

이는 겸손의 정반대다. 겸손하다는 것은 자신이 얼마나 많은 것을 모르는지를 아는 것이다. 가장 지혜로운 인물 중에 하나로 평가받는 소크라테스는 "나는 작거나 크거나 할 것 없이 아무런 지혜가 없음을 안다"고 했다. 이것은 거짓 겸손이 아니었다. 소크라테스는 "오직 신만이 지혜롭기 때문에, 인간의 지혜는 그에 비해 아무런 가치가 없다는 것"을 아는 만큼만 지혜로울 수 있다는 것을 이해했다.

겸손은 스스로를 위축시키는 것을 의미하지 않는다. 겸손은 자신의 한계와 주제를 아는 건강한 인지력을 키우는 것이고, 그래서 스스로 성장하고 개선할 여지를 인정하는

---

1   미국의 유명한 컨트리 싱어송라이터이자 영화배우.

것이다. 그것은 스스로 아는 것 이상을 안다고 주장하지 않는 것이다.

경제교육재단(FEE)의 창립자 레오나드 리드(Leonard E. Read)는 1958년에 「나는 연필입니다」(*I, Pencil*)라는 아주 유명한 에세이를 썼다.[2] 이 에세이는 겸손의 중요성에 대해 아주 잘 보여주고 있다. 아주 간략하게 요약하자면 이렇다.

"어느 한 사람도─다시 말하지만 아무리 똑똑하고 많은 학위를 가지고 있든지 ─ 온전히 스스로는 자동차나 비행기는 고사하고 작은 일상의 연필 한 자루도 처음부터 만들 수 없다."

실제로 따지고 보면 아주 단순해 보이는 작은 연필의 생산 과정도 어느 한 사람의 완전한 이해범주와 역량을 벗어난다. 연필 하나를 만들고 팔기 위해 투입된 수많은 사람들과 기술이, 어떤 한 명의 지도자도 없이 시장에서 기적적으로 모여 전체의 과정을 모른 채 각자 자신의 주어진 역할만 감당한다는 것을 생각해보라. 아무것도 없는 상태에서 당신이 온전히 스스로 연필 하나를 만들어야 한다면, 당신은 엔지니어와 광부와 벌목꾼과 기계공과 그 외 연필제작에 필요한 수많은 업종의 기술들을 배우고 적용해야 할 것이다. 그것은 불가능한

---

2 이 에세이의 한글 번역은 자유기업원 홈페이지(cfe.org)에서 찾을 수 있다.

일이다. 그것은 어느 누구에게도 불가능한 일이다. 그럼에도 불구하고 그 어떤 중앙 기획이나 정치인의 기획이 없이 매년 수십 억 개의 연필이 생산된다. 그런데 어떤 한 사람이나 소수의 몇 사람들이 수억 명의 경제를 계획한다는 것이 가당키나 한 일인가. 이 연필 이야기가 시장 경제와 정부의 제한된 역할에 대해 주는 교훈은 엄청나다.

레오나드 리드의 메시지는 자신이 다른 모든 사람들의 일을 다 간섭할 수 있다고 착각하는 부풀려진 자아들에게 큰 찔림을 주어야 마땅하다. 그것은 인간의 사회 설계나 계획 경제가 얼마나 거만하고 공허한 일인지 쉽게 설명해준다. 누구 한 사람도 연필 하나를 만들 수 없다면, 사회를 완전히 탈바꿈시키겠다고 함부로 주장하는 사람은 경계해야 하는 것이 마땅하다.

더 나아가, 계획자들이 커다란 계획을 세울 때만 오류가 생긴다고 결론짓는다면, 우리는 레오나드 리드의 메시지나 예수님의 메시지에서 큰 시사점을 놓치고 있는 것이다. 오류는 우리가 겸손을 포기하는 바로 그 순간, 그리고 알 수 없는 것을 안다고 여기며 정부의 강제력을 사용해 다른 사람의 삶을 통제하려들 때 시작된다.

하지만 역사는 이 교훈을 무시한 수많은 사람들로 가득 차 있다. 그들을 뭐라고 부르든지—사회주의자, 진보주의자, 집단주의자, 국가주의자, 개입주의자—그들은 공동의

예수는 사회주의자였을까

선을 위한다는 그들의 비전에 맞는 사회를 재구성하기 위해 거창한(그리고 주제넘은) 계획을 세운다. 그리고 그 계획은 실패할 뿐 아니라 그 이행의 과정에서 많은 사람들을 죽이거나 불행하게 만든다. 세상의 어떤 사회주의자도 스스로 연필 하나 만들 수 없으면서 사회 전체를 다시 만들려고 하고 있는 것이다. 이는 잘못되어도 너무 잘못된 것이다.

나는 신학자가 아니다. 나는 경제학자이자 역사학자이면서 마침 기독교인일 뿐이다. 나는 물론 성경을 여러 차례 처음부터 끝까지 읽었고 부분적으로는 수도 없이 읽었지만, 최소한 예수와 사회주의에 대한 나의 주장에 대해서는 신학자들이 보다 더 "권위적인" 분석을 할 수 있을 것이다.

정규 직업으로서 성경을 공부하고 해석하고 해설을 제공하는 사람을 신학자라고 부른다. 그러나 신학자는 굳이 성경이 어떻게 현대 정치와 경제 및 사회에 적용되는지는 파고들지 않을 수 있다. 또한 그렇게 하는 신학자들도 모든 이슈에 대해서 동일한 의견을 가지는 것도 아니다. 심지어 신학자 중 누군가는 예수가 진정 사회주의자였다고 주장할 수도 있다. 물론 나는 그가 아무리 선한 의도를 가졌다 하더라도 완전히 틀렸다고 생각한다.

20세기 중에 내가 "제대로 짚었다"고 여기는 두 명의 신학자가 있다면 그것은 C. S. 루이스와 그레샴 메이첸(J. Gresham Machen)이다. 그들의 관점은 나에게 큰 영향을 미쳤다. 따라서 독자들에게도 그들을 소개하고자 한다.

C. S. 루이스

1935년 12월 어느 편지에서 C. S. 루이스는 이렇게 썼다.

> 우정은 세속의 선 중 최상의 선입니다. 적어도 나에게 그
> 것은 인생의 가장 큰 행복입니다. 내가 만약 젊은 사람에
> 게 어디에 살아야 하는지에 대한 조언을 준다면, 나는 '당
> 신의 거의 모든 것을 희생해서라도 당신의 친구들과 가까
> 이 사십시오'라고 말해야 할 것 같습니다.

클라이브 스테이플스 루이스(1898-1963)를 내 친구로 삼
을 수 있다면 나는 내 한쪽 팔이라도 내어줄 것이다. 그의
이야기를 몇 시간 동안 계속 들을 수 있다는 것은 상상만
해도 짜릿하다. 이 저명한 학자이자 사상가는 수많은 기독
교 변증 저작과 일곱 권의 『나니아 이야기』라는 어린이 판
타지 소설의 저자다. 그의 소설은 1억 권 이상이 팔렸고 여
러 일류 영화로도 제작되었다.

하지만 루이스는 단순한 소설가가 아니었다. 많은 사람
들은 그를 20세기 최고의 비(非)전문 신학자로 여긴다. 옥
스퍼드와 케임브리지에서 문학을 가르치면서 그는 『순전한
기독교』와 『인간폐지』를 포함한 스무 권 이상의 저작과 수
백 편의 연설문, 에세이, 편지, 및 라디오 방송을 남겼다. 그

　　　　　　　예수는 사회주의자였을까

의 영향력은 그가 살아있을 때에도 물론 막대했지만 아마 오늘날 더 클 수도 있다.

루이스의 문학 작품과 신학적 글들에 비해 정치 및 경제적 문제에 대한 그의 글들은 비교적 많지 않다. 게다가 그마저도 이곳저곳 한 단락씩 흩어져 있는 경우가 많다. 루이스를 연구한 학자들은 그런 토막들을 분석해 그의 정치적 성향을 판단했다. 그는 사회주의자였을까, 고전자유주의자였을까, 아니면 무정부주의자였을까, 군주제지지자였을까, 아니면 신정주의자 혹은 다른 어떤 것이었을까?

나는 루이스가 살아있다면 스스로 '기독교 리버태리언'[1]이라고 불리우는데 만족했을 것이라고 생각한다. 그는 본질적으로 타락한 인간 본성, 그리고 그 본성이 정치권력과 만났을 때 그 타락이 불가피하게 확대될 것을 알았기 때문에 최소한으로 작은 정부를 지지했다. 그는 도덕적 성품이 행복한 삶과 개인적 성취 그리고 사회의 발전에 불가결의 덕목임을 알고 있었다. 그래서 그것이 정치엘리트들의 명령에 의해서가 아니라 각 개인의 성숙과 양심에서 비롯되어야 함을 알고 있었다. 그는 시민사회 및 시민들의 평화로운 협력을 지지했고 관료주의의 주제 넘는 오만을 경멸했다.

---

1   미국에서는 진보주의적 성향을 나타내는 리버럴(Liberal)과 개인의 자유와 책임을 강조하는 자유(지상)주의자들을 구분하기 위해 이들을 리버태리언(Libertarian)이라고 부른다.

그의 1958년 에세이 「복지 국가의 자발적 노예」(*Willing Slaves of the Welfare State*)는 정부와 개인의 마땅한 관계에 대한 풍성한 통찰력을 주는 금광과 같은 글이다. 제목에서 비춰지듯이, 루이스는 세계 곳곳에서 거대정부가 급속도로 자라나는 것을 비판했다. 그가 비판했던 것은 2차 세계대전에서 연합국이 싸워 이겼던 전체주의 정권들만이 아니었다. 그는 "대부분의 현대 공동체"에 일어나고 있는 상황을 탄식하고 있었다.

> 두 번의 전쟁은 어쩔 수 없이 인간의 자유를 엄청나게 위축시켰고, 우리는 불평하면서도 그 족쇄에 익숙해져 버렸다. 우리 경제생활에서 점점 커지는 복잡성과 불확실성은 한때 선택이나 우연에 맡겨졌던 삶의 많은 영역을 정부가 장악하게 만들었다.

루이스는 이러한 국가의 팽창을 돌이키기 어렵다고 내다봤다.

> 우리는 아마도 우리가 온 길을 되짚어 가지 못할 것이고 분명 스스로는 되돌아가지 않을 것이다.

루이스가 정확히 예측했던 대로 60년 이상이 흐른 지금,

예수는 사회주의자였을까

우리는 우리의 자유와 시장에 더 많은 개입을 외치는 정치인들과 관료들을 목격하고 있다. 루이스는 이 계속되는 위험의 원인을 다음과 같이 설명했다.

> 현대 국가는 더 이상 우리의 권리를 보호하기 위해서가 아니라 우리에게 좋은 것을 해주거나 우리를 선하게 만드는 것을 목적으로 하고 있다. 우리를 상대로 무언가를 하거나 우리를 무언가로 만들려고 말이다. 그래서 한때 '통치자(ruler)'라고 불렸던 이들이 '지도자(leaders)'라는 새로운 이름을 얻게 되었다. 우리는 이제 그들의 피지배자라기보다 그들의 피보호자이자 학생, 혹은 가축이 되었다. 이제 우리는 그들에게 '당신 일이나 잘 하세요'라고 말할 아무런 명분도 남지 않았다. 우리의 삶 자체가 그들의 일이 되어 버렸기 때문이다.

루이스는 현대 국가에 의해 이제는 죽임 당했다고 여겼던 "고전 정치 이론"의 주요 근원이 다름 아닌 기독교였다고 말했다. 그는 정부 프로그램을 인간 문제의 해결책으로 제시하는 사회주의자들과 복지국가주의자들(오늘날의 진보주의자들)의 허망한 약속들을 꿰뚫어봤다. 더 많고 큰 정부 프로그램을 위한 그들의 호소에 반대하며, 루이스는 더 나은 방법을 제시했다. 바로 '자유'였다.

나는 인간이 "자유인의 정신(freeborn mind)"을 가질 때 행복하고 더 풍성하게 행복할 수 있다고 믿는다. 그러나 나는 현대의 새로운 사회가 폐지하려고 하는 경제적 독립 없이 이 자유로운 정신을 가질 수 있을지 의문이다. 왜냐하면 경제적 독립은 정부의 통제를 받지 않는 교육을 가능하게 하기 때문이다. 그리고 정부에게 아무것도 필요한 것을 요청하지 않는 사람만이 정부의 행동을 비판하고 그 이념에 경멸을 보낼 수 있기 때문이다. 몽테뉴[2]를 읽어라. 그의 목소리는 자신의 식탁에 앉아 자신의 땅에서 자란 양고기와 순무를 먹는 사람의 것이다. 국가가 모든 사람의 교장이 되고 고용주가 된다면 누가 그와 같은 말을 할 수 있겠는가?

다음은 내가 가장 좋아하는 루이스의 구절 중 하나다.

자신의 삶을 자신의 뜻대로 살고, 자신의 집을 자신의 성이라 부르며, 자신의 노동의 열매를 온전히 누리고, 자신의 자녀들을 자신의 양심에 따라 교육하고, 또 자신이 죽고 난 후에도 자녀들이 번영할 수 있도록 저축하는 것 — 이것이 바로 문명인에게 깊이 새겨진 소원이다. 이 소원의 성취는 우리의 행복을 위해 필요한 만큼 우리의 덕성을 위

---

2 『수상록』으로 유명한 16세기 사상가 미셸 드 몽테뉴

예수는 사회주의자였을까

해서도 중요하다. 이 소원의 완전한 좌절은 도덕적으로나 정신적으로나 재앙의 결과를 초래한다.

이 에세이 내내 루이스는 "나의 복종을 요구하기 위한 근거"로 국가가 내세우는 "허세"들에 대해 경멸을 표현한다. 그는 또한 모든 세대마다 "우리를 그들의 지배아래 두려는 사람들"이 그 날의 특정 신화와 편견들을 동원해 우리의 희망과 두려움을 통해 이익을 얻으려 하며, 이것은 어떤 형태로든 결국 폭정의 문을 여는 것이라고 썼다.

루이스는 오늘날의 진보주의자들이 국가가 해줄 수 있는 것들―"무상" 의료, "무료" 대학, "무료" 어린이집 등―을 나열하며 유혹하려 할 때 우리가 스스로 물어야 할 질문을 제시한다.

> 진보에 대한 문제는 우리가 과연 모든 사생활과 독립성을 잃지 않으면서 기술관료(technocrat)의 세계적 온정주의에 굴복할 수 있는지에 대한 문제다. 초거대 복지 국가의 꿈을 받아먹으면서 그 침에 쏘이지 않을 가능성이 과연 있을까?

루이스는 인간의 본성과 권력이 얼마나 부패하기 쉬운지 잘 이해하고 있었다. 그는 복지 국가가 우리 모두를 잘 보살펴 줄 것이라고 믿는 것이 왜 망상에 지나지 않는지를 다음의 강력한 결론으로 표현하고 있다.

> 우리는 우리 스스로를 팔아버리게 한 그 약속들을 우리의
> 주인들이 지킬 것이라고 어떻게 보장할 수 있는가? … 이
> 제 일어날 수밖에 없는 일은 누군가가 다른 모든 사람의
> 운명을 휘어잡는 것이다. 그들은 완벽하지 않은, 일부는
> 탐욕스럽고 잔인하고 부정직한, 평범한 인간들일 것이다.
> 우리가 더 완전하게 기획 당할수록 그들은 더욱 강해질 것
> 이다. 이번만큼은 과거와 달리 권력이 부패하지 않을 것이
> 라고 믿을만한 무슨 새로운 이유라도 발견되었던가?

또한 루이스는 그의 사후 출판된 에세이집 『다른 세상들』
(Of Other Worlds)의 한 에세이에서 인간 본성에 대한 통찰력
을 다음과 같이 기록했다.

> 민주주의자로서 나는 격렬하고 급격한(어느 방향이든지) 사
> 회변화에 반대한다. 왜냐하면 그런 변화는 어떤 특정 수법
> 을 통하지 않고는 결코 일어나지 않기 때문이다. 그 수법
> 은 모종의 고급 훈련을 받은 소수의 사람들이 권력을 잡
> 는 것을 수반한다. 그리고 거의 자동적으로 공포와 비밀경
> 찰이 그 뒤를 따른다. 나는 그 어떤 세력도 그 정도의 권력
> 을 가져도 될 만큼 충분히 선하다고 여기지 않는다. 그들

예수는 사회주의자였을까

도 우리와 똑같은 성정을 가진 사람들이기 때문이다. 그들 조직의 비밀과 규율은 이미 내부결속을 위한 그들의 열심에 불을 질렀을 것이고, 그것은 적어도 탐욕만큼이나 그들을 부패시킬 것이다. 또한 그들의 높은 이념적 허세는, 그 열심에 거대 명분을 더해 위험한 자기 확신을 심어주었을 것이다. 결국 어떤 방향으로 그 변화가 이루어지든지간에 나에겐 그 진행방식만으로도 낭패나 마찬가지다. 공공의 이익에 있어 가장 최악의 위협은 공공안전 위원회라고 하는 것들이다.

또한 1943년 「평등」(*Equality*)이라는 에세이에서 루이스는 국가가 어떻게 권력을 축적하게 되는지도 설명한다. 루이스는 남성과 여성이 법 앞에 평등함을 믿었지만, 동시에 법의 목적이 물질적 부와 같은 결과의 평등을 추구해서는 안 된다고 믿었다. 그러한 "평등"을 달성하기 위해선 추악한 강제력이 필연적으로 동원되어야하기 때문이다.

루이스는 경제적 평등을 하나의 "이상"으로 추구하는 것을 경계했다. 그렇게 할 때 "우리 안에 미성숙하고 시기심에 가득 찬 마음이 자라나 다른 모든 우월함을 혐오하게 된다"고 말했다.

잔인함과 노예근성이 특권사회의 특별한 질병이듯, 시기

하는 마음은 민주주의 특유의 질병이다. 그것이 계속 자라 나게 놔두면 우리 모두를 파멸로 이끌 것이다.

평등을 강제하려는 시도에 대한 루이스의 우려는 그의 유명한 풍자 문학 작품인 『스크루테이프의 편지』(1942)에 서도 잘 나타난다. 이 소설은 스크루테이프라는 고참 악마 가 그의 조카이자 사람을 유혹하는 임무를 맡은 신참 악마 웜우드에게 보내는 31편의 편지들로 구성이 되어 있다.

스크루테이프는 웜우드에게 인간들을 어떻게 타락시켜 사회를 지상지옥으로 만들도록 가르친다. 놀랍게도 고참 악마는 목적을 달성하기 위해서 사람들을 "평등화"시키고 "민주화"시키라고 지도한다. 루이스의 정치 사상이 확연히 드러나는 부분이다.[3]

제가 여러분이 주목했으면 하는 것은 바로, 인간의 모든 탁월함—도덕적, 문화적, 사회적, 지적—을 부인하고 결 국 제거하는 방향으로 나아가는 광범위하고 종합적인 우 리의 운동입니다. 예전에 독재 정권이 우리를 위해 했던 일을 이제 민주주의가 똑같은 방법으로 하고 있다는 게 참

---

3   이 토막글은 『스크루테이프의 편지』(1942)의 후속편으로, C. S. 루이 스가 1959년에 쓴 "스크루테이프, 축배를 제안하다"라는 제목의 어 느 신문 기고문에서 저자가 발췌한 것이다.

아름답지 않습니까? … 백성들 가운데 탁월함을 허용해선 안 됩니다. 그 어떤 한 사람도 나머지 대중보다 더 지혜롭거나, 더 낫거나, 더 유명하거나, 심지어 더 잘 생겨서도 안 됩니다. 모두 같은 수준으로 만들어 버려야 하는 것입니다. 모두 노예들로, 모두 하찮은 사람들로, 모두 보잘것없는 인간들로 말입니다. 모두 똑같이 평등하게. 과거 폭군들은 그런 식으로 나름대로의 "민주주의"를 실천할 수 있었습니다. 그런데 이제 "민주주의"가 다른 폭군이 없이도 똑같은 일을 할 수가 있게 된 것입니다.

만약 신실한 기독교인이었던 루이스가 조금이라도 사회주의적인 시각을 가졌다면 위의 글을 쓰지 못했을 것이다. 그는 결코 중앙 계획자들의 야망을 미화하지 않았다. 오히려 정치인들의 건방짐을 비판했다. 그가 1960년에 쓴 『세상의 마지막 밤』(*The World's Last Night*)에서는 이렇게 썼다.

우리 지배자들의 허세가 높을수록, 그들의 지배는 더욱 오지랖이 넓어지고 뻔뻔스러워지며 그 지배의 명분은 더욱 더럽혀질 것이다. … 우리의 자율적이고 팔아넘길 수 없는, 전적으로 사적인 것들이 그나마 존재할 수 있는 조금의 영역이라도 우리의 주인이 가져가지 못하게 하자.

거대 정부에 대한 루이스의 함축적인 비판 글들 중 하나를 골라야 한다면 1949년 에세이인 「인도주의 형벌론」 (*Humanitarian Theory of Punishment*)"의 다음 발췌문일 것이다.

> 모든 폭정 중에서도 그 피해자들의 이익을 위한다며 정성껏 이행되는 폭정이 가장 포악할 것이다. 전능하고 도덕적인 호사가의 치하에서 사는 것보다 차라리 노상강도 귀족의 치하에서 사는 것이 나을 것이다. 노상강도 귀족의 잔인함은 가끔 휴식이라도 취하고 그 탐욕은 언젠가는 만족되겠지만, 우리 자신의 이익을 위한다며 우리를 괴롭히는 자들은 그들 나름의 양심에 따라 행동하는 것이기 때문에 그 괴롭힘을 멈추지 않는다. 그들은 천국에 갈지 모르겠지만 반면에 이곳을 지상지옥으로 만들 가능성이 크다. 그 친절함은 더욱 견딜 수 없는 모욕으로 우리를 쏜다. 타의에 의해 "치료"를 받을 뿐 아니라 우리가 질병이라고 생각하지 않는 상태로부터 치료받는 것은, 이성을 사용할 나이에 도달하지 않은 사람이나 그러지 못할 사람의 수준으로 취급받는 것이다. 젖먹이로, 정박아로, 가축으로 말이다.

루이스는 정부를 신이나 신의 대안, 혹은 신의 어떤 복제 정도로 바라볼 수 없었다. 정부도 불완전한, 언젠가는 죽을 인간으로 구성된 것이었기 때문이다. 그것은 인간의 모

　　　　　　　　　　예수는 사회주의자였을까

든 결함과 약점을 가지고 있다는 뜻이었다. 따라서 자유인들은 마땅히 정부를 제한해야 하는 것이다. 루이스가 보기에, 선한 의도와 정치적 권력의 조합은 종종 폭정과 다름없었다.

C. S. 루이스가 사망한 1963년보다 세상이 조금도 더 현명해지지 않은 것에 대해, 우리는 그를 탓할 수만은 없다. 그는 어마어마한 양의 지혜를 우리에게 선물로 주었지만, 우리는 그의 경고를 무시함으로써 오늘날과 같은 위험을 마주치게 된 것이다.

J. 그레샴 메이첸

장로교 신학자인 J. 그레샴 메이첸(1881-1937)에 대해 퓰리처를 수상한 작가이자 노벨수상자인 펄 벅(Pearl S. Buck) 여사는 이렇게 말했다.

> 그는 존경스러웠다. 그는 어느 누구에게 한 치의 양보도 없었다. 누구에게도 머리를 조아리지 않았다. 그의 사전에 승리가 아닌 평화를 수용할만한 양보나 타협이란 없었다. 그는 분노와 혐오를 표현하는데 있어 직설적이고 완전히 열려있었기 때문에 그의 적에게 조차 영예로운 적수이기도 했다. 그는 무언가를 위해 싸웠고 모두가 그것을 알아보았다.

펄 벅 여사의 찬사가 너무 편향적이라고 생각이 든다면 (사실 그녀가 중국에서 장로교 선교사들과 함께 성장했기 때문에 그럴 만도 하다) 대신 H. L 멩켄(Mencken)의 평가를 들어보라.[4] 멩켄은 기독교와 특히 그 성직자들에 대해 신랄한 비판을 가하기로 유명했다. 그는 창조주 하나님을 "그 관중이 웃기를 두려워하는 코미디언"이라 표현했고, 이런 글을 쓰기도 했다.

전신을 면도한 고릴라가 빠르게 움직이다면 헤비급 권투선수와 구분을 못 할 것이다. 침팬지를 면도하면 그에게 부검을 실시할 때까지 그가 신학자가 아님을 증명하지 못할 것이다.

이런 멩켄도 J. 그레샴 메이첸에 대해서 다음과 같이 위대한 존경심을 표현했다.

메이첸 박사는 분명 단순히 시골의 죄인들을 겁에 질리게 해 헌금을 받아내는 하나님의 가두연설자가 아니다. 반대로 그는 대단히 학식이 뛰어난 사람이다. … 현대주의 적수들에 대한 그의 도덕적, 논리적 우위는 어마어마했고 확

---

4   미국의 평론가 헨리 루이스 멩켄(1880-1956).

연했다. 그는 고등비평의 맹공에 흔들림 없이 맞서며, 그의 신앙을 편의나 예의 따위에 조금도 양보하지 않는다.

메이첸이 죽었을 때 맹켄은 그를 또 다른 저명한 장로교인 정치인이었던 윌리엄 제닝스 브라이언(William Jennings Bryan)과 비교하며 이렇게 말했다. "메이첸 박사와 브라이언의 격차는 마터호른[5]과 사마귀의 격차만큼이나 크다."

메이첸은 기독교 지도층이 본받아야 할 놀라운 용기와 논리적 일관성을 보여주었다. 그의 신념은 깊었고 철저히 합리적이었다. 그는 인간의 자유를 인류에 대한 하나님의 의도로 보았고, 세속 정부가 우리를 위한다며 그 자유를 축소시키려는 주제넘은 주장을 한다고 맹렬히 비판했다. 그는 두려움을 모를 정도로 원칙에 충실했다.

메이첸은 현대주의자(modernist)들의 증가하는 영향력에 맞서 보수주의 개혁 신학을 단호히 변호했다. 현대주의자들은 당시 전통 기독교 신앙을 희석시켜 도덕적 상대주의와 운동권 정부와 같은 수상쩍은 개념들을 내세우는 신학계의 "진보주의" 운동가들이었다. 메이첸은 그 종교적 좌익들에게 만만치 않은 상대였다.

메이첸은 신학적 "근본주의자"가 아니었다. 그러기엔 그

---

5 해발 4,478미터의 알프스 고산.

는 너무 학술적이었다. 그는 질서 있는 우주의 신비로움을 풀기 위한 도구로서 과학을 인정했다. 그의 가장 잘 알려진 저서들은 거의 100년이 지난 지금까지 영향력을 미치고 있는 조직적이고 철저한 기독교 변증(예: 『바울 종교의 기원』, 『믿음이란 무엇인가』)과 현대주의자들의 수정주의를 통렬히 비판하는 것들(예: 『기독교와 자유주의』)이었다.

메이첸은 정치에 크게 관심을 갖지 않았다. 그는 정부를 애초에 답답하고 개인에 반하는 것으로 여겼다. 또한 그는 진정한 기독교를 조금이라도 어떤 국가주의―사회주의, 공산주의 혹은 파시즘―형태와 양립하도록 묘사하는 것을 매우 위험한 허구로 보았다. 역사학자 조지 마스덴(George Marsden)은, 1991년에 출간된 그의 책 『미국의 근본주의와 복음주의 이해』에서 메이첸의 정치적 견해를 "급진적 리버태리언"으로 규정했다. 왜냐하면 메이첸은 "국가 권력의 그 어떤 확장에도 대부분 반대"했기 때문이었다. 메이첸은 본인에 대한 그런 규정에 만족했을 것이라고 생각한다. 그 것은 국가의 권력이 아니라 인격의 형성과 영적 회복을 추구했던 그리스도의 가르침이 지향하는 당연한 귀결이었다.

메이첸은 1차 세계대전에 미국의 개입을 반대했고 베르사유 조약을 "국제평화에 대한 공격"이라고 비판하면서 이는 "지루하게 계속되는" 전쟁의 반복을 초래할 것이라 하였다. 그는 가까운 친척이었던 우드로 윌슨(Woodrow Wilson)

예수는 사회주의자였을까

대통령의 해외 간섭을 공상적인 모험주의라고 여겼다. 그는 징병제를 자유에 대한 공격이자 개인과 가정의 삶에 대한 "잔혹한 훼방"이라며 반대했다.

1920년대 아동 노동에 대한 헌법 수정안이 화제가 되었을 때 메이첸은 이를 "박애라는 이름으로 제안된 가장 잔인하고 비정한 조치 중 하나"라고 쏘아붙였다. 그는 18세 미만의 아동 고용을 불법화 시키는 조치가 결과적으로 어떤 영향을 미치게 될지 알고 있었다. 그것은 오히려 아동 노동을 음지의 더 비참한 환경으로 몰아넣거나, 가난한 가정들을 더 심각한 빈곤으로 밀어 넣을 것이었다. 또한 메이첸에게 더 중요한 문제는 이 수정안이 의미하는 바였다. 그것은 마땅히 주정부와 지역공동체와 가정의 판단에 맡겨져야 할 문제를 연방정부가 침탈하는 것이었다.

대부분의 장로교인들이 금주법[6]을 지지했을 때도 메이첸은 반대했다. 성경은 술 취함을 경계하고 있지만, 어디에도 정부의 강제력을 그 해법으로 암시하고 있지 않다는 것이 메이첸의 생각이었다.

그는 정치를 신앙과 혼합한다는 이유로 공공학교에서의 성경읽기와 기도에도 반대했다. 그는 기독교인들이 차라리

---

6 1920년부터 1933년까지 발효된 수정헌법 제18조를 통해 미국 전역에 실시한 음주 금지법.

따로 학교를 설립해야 한다고 주장했다. 그는 교실에서 정부가 주도하는 의무적인 신앙 강요가, 영혼을 부수는 집단주의적인 평범함 외에 다른 어떤 유익을 줄 것이라고 생각하는 건 어리석다고 믿었다.

> 부모들의 반대를 무릅쓰고 아이들을 그들의 성장기에, 국가가 지정한 전문가의 직접적인 통제 하에 두고, 인류의 고결한 열정을 좌절시키며 아이들 정신을 이 시대의 물질주의로 가득 채우게 될 학교를 강제로 다니게 한다면, 자유의 남은 자들(remnants of liberty)조차도 어떻게 존속할 수 있을지 모르겠다.

메이첸은 폐렴으로 이어진 흉막염에 걸려 1937년 새해 첫날, 불과 55세의 젊은 나이로 세상을 떠났다. 린든 존슨(Lyndon Johnson) 시대에 열린 '위대한 사회'[7]는 물론, 오늘날 재유행하는 사회주의의 인기를 목격하지 못했다. 그러나 위대한 신학자이자 신실한 기독교인이었던 메이첸은 오늘날의 트렌드에 대해 어떻게 반응했을지 의심의 여지를 남겨두지 않았다. 그는 『기독교와 현대신앙』(1936)이라는 그

---

7 '위대한 사회(Great Society)'는 1964년에 민주당과 린든 존슨 대통령이 "모든 가난과 차별을 종식"시키겠다고 내세운 급진적 정책을 말한다. 물론 대실패로 끝났다.

　　　　　　　예수는 사회주의자였을까

의 저서에 다음과 같이 분명히 적었다.

> 우리 눈앞에 보이는 모든 곳에서, [안전을 약속하는] 어떤 사회의 유령이 모습을 드러낸다. 그곳의 안전은, 만약 확보된다면, 자유를 희생하여 얻은 안전이다. 그곳의 안전은 마구간 속에서 배불리 먹인 짐승의 안전이며, 그 곳은 인류의 모든 높은 열망이 전능한 국가에 의해 짓밟혀진 곳이다.

질문의 답

C. S. 루이스와 J. 그레샴 메이첸은 위대한 사상가들이었다. 둘 다 성경의 말씀과 그 진정한 의미를 가능한대로 신실하게 추구했다. 그들은 기독교뿐 아니라 일반 사회에도 지대한 영향력을 미쳤다. 그리고 "예수는 사회주의자였는가?"라는 질문에 그들은 "당연히 아니"라고 말하고 있다.

사회주의는 벨벳 장갑에 싸인 강철 주먹이다. 겉으로는 매우 호소력 있고 매력적으로 보인다.

"국가가 당신을 보살펴 줄 거예요! 국가가 당신의 많은 걱정과 책임을 대신 짊어져 줄 거예요. 국가가 공짜로 나눠 줄 거예요. 국가가 가난한 자들을 도와주고 부자들을 벌할 거예요."

하지만 그 벨벳장갑 속에는 강제력과 강요가 있다. 사회주의는 결국 정치적, 경제적 권력을 위한 것이다. 우리를 보살펴주겠다는 약속들은 그 권력쟁취를 위한 미끼일 뿐이다.

거의 2세기 전에 프레데릭 바스티아는 사회주의가 가진 매력의 근원과 그 치명적인 결함을 분명히 설명했다. 사회주의자들은 국가가 "모든 고통을 해소하고, 모든 욕구를 만족시키고, 모든 기업들에 자본을 공급하고, 모든 사람들에게 계몽이 되고, 모든 상처에 진통제가 되고, 모든 불행한 자들에게 피난처가 되기 위해서 직접 개입해야 한다"고 주장한다. 모두 다 듣기 좋은 말들이다.

이런 혜택들이 어떤 무궁무진한 원천으로부터 세상에 흘러내린다면 그 누가 좋아하지 않겠는가?

21세기 미국에서 다시 유행을 타고 있는 사회주의도 같은 매력을 뿜어내고 있다.

하지만 바스티아는 다음의 전제를 강조한다.

그것이 가능하다면.

과연 가능할까? 결코 아니다. 바스티아는 이렇게 설명한다. 국가는 누군가에게서 빼앗지 않는다면 누구에게 줄 것이 아무것도 없는 존재라는 것이다.

[국가가] 개인의 이익을 위해 나누겠다고 한 그 자원들을 과연 어디서 얻었을까? 바로 그 개인들 아닌가? 그렇다면 이 기생충 같고 탐욕스러운 중개인을 통과하면서 어떻게 그 자원이 불어날 수 있겠는가?

정부가 하는 것이라곤 사람들의 "자유 일정부분을 그들의 복지와 함께" 강도질 하면서 "가능한 한 많은 자원만 빨아들이는 셈"인 것이다.

나쁜 사람들은 어디에나 있다. 하지만 "집중된 권력"만

예수는 사회주의자였을까

큼 나쁜 사람들을 세상으로 버젓이 나오게 하고 악을 행할 자격을 부여하는 것은 없다. 거기에 더해 세속국가를 위한 명분에 우리의 도덕까지 예속시킨다면, 그야말로 파멸을 위한 완벽한 조건이다.

그럼에도 국가는 사회주의자들과 진보주의자들이 우뚝 세우고 강화하려는 실체다. 정부는 그 피지배자들에게 무슨 행복가루라도 뿌려주는 동화 속 요정이 아니다. 정부는 모든 인간과 마찬가지로 유혹에 넘어지기 쉬운 인간들로 구성되어 있다.

19세기 미국 사회평론가 윌리엄 그래험 섬너(William Graham Sumner)는 권력의 유혹과 그 초래된 결과를 이렇게 표현했다.

> 모든 역사는 이렇게 정리된다. 인간은 다른 사람을 희생시켜 땅의 소산을 얻고 자신의 짐을 다른 사람에게 지우기 위해 권력을 추구하고, 권력을 얻기 위해 다른 사람과 싸웠다.

사회주의자들과 그들의 진보주의자 동맹들은 표면상 "공공의 이익"을 위해 권력을 추구한다. 하지만 권력이란 예수님이 가르치셨던 '사랑'과 조화하기 어려운 것이다. 사랑은 애착과 존중을 수반하는 반면, 권력은 통제에 대한 것이다. 또 다른 19세기 평론가이자 영국 작가인 윌리엄 해즐릿 (William Hazlitt)은 이를 다음과 같이 잘 표현했다.

> 자유를 사랑하는 것은 타인을 사랑하는 것이다. 하지만 권력을 사랑하는 것은 자신을 사랑하는 것이다.

지금까지 논의했듯이 예수님은 집중된 세상 권력과 친하지 않으셨다. 그는 거짓말로 불가능한 약속을 하지 않으셨다. 다른 사람을 희생시켜가며 특정인들의 비위를 맞추지 않으셨다. 이기적인 계급투쟁에 동참하지도 않으셨다. 그는 잠깐의 세상 이익이 아닌 영원한 진리에 집중하셨다. 단한 번도 그는 강제력의 사용을 지지하거나 선한 의도가 강제력을 정당화한다는 식의 언급을 하지 않으셨다.

예수님의 가르침을 포함한 신약성경은, 기독교인들이—그리고 모든 사람들이—관대한 마음을 품고, 각자의 가정을 보살피며 가난한 자를 돕고, 과부와 고아를 지원하며 친절을 베풀고, 최상의 인격을 견지하도록 권면하고 있다. 이 가르침은 어떤 경우에도, [사회주의의] 강제적이고 매표적인 정치적 술수와 재분배 계획을 위한 추악한 일로 해석될 수 없다. 그렇게 해석한다면 성경을 잘못 읽는 것이거나 정치적 목적을 위해 성경의 가르침을 왜곡하는 것이다.

결론적으로, 예수님은 효과적이지도 않을 뿐더러 시기심

과 강도질에 뿌리를 둔 사회주의 체제를 결코 지지하지 않으실 것이다. 오늘날 진보주의자들이 아무리 그를 복지국가주의자와 재분배주의자로 만들고 싶어 해도, 예수님은 전혀 그런 분이 아니셨다. 다음에 또 누가 "예수는 사회주의자"라고 말하는 것을 듣게 된다면, 당신은 이 진실을 분명히 기억하라. 그리고 전하라.

감사의 글

이제신 목사

도서출판 개혁 대표, 사랑가득교회 담임

대한민국이 자유민주주의라는 숭고한 가치를 지니고 지금까지 올 수 있었던 것은 전적으로 하나님의 은혜임을 믿습니다. 그러한 가치를 지켜내기 위해 수많은 국민들이 힘을 합쳐 지난 70년 이상의 세월을 지나온 것은 하나님의 은혜가 없이는 도저히 감당할 수 없는 일이었습니다.

그런데, 현 시대에 이르러서 이러한 숭고한 가치가 폄훼 내지는 축소 되어가는 경향이 점점 짙어져 가는 안타까운 상황이 벌어지고 있습니다. 가정에서 뿐만 아니라 사회, 교육, 안보, 문화 등의 모든 면에서 점점 좌경화되어가는 현실이 참으로 안타까울 뿐입니다. 그러던 중 이 책을 접하게 되었습니다.

우리나라의 현 시국을 바라보면서 이 책의 내용이 지금의 현실을 가장 정확히 지적해 주고, 수많은 사람들에게 바른 성경적 세계관을 지향하게끔 인도해 줄 것이라는 판단이 들어서 과감히 이 책의 출판을 결정하게 되었습니다.

예수는 사회주의자였을까

미국에서는 예수님까지도 사회주의자라고 말하는 사람들이 점점 많아지고 있습니다. 우리 대한민국도 예외가 아닙니다. 수많은 기독교인들 가운데 성경이 말하는 가치관과 세계관이 사회주의를 추구하고 있다고 주장하는 사람들이 적지 않습니다. 이러한 때에 이 책이 귀하게 사용되어져서 예수 그리스도에 대해서, 성경이 말하는 진정한 세계관에 대해 올바른 지침을 내려주는 귀한 안내서가 되어주길 진심으로 소망합니다.

이 책의 출판을 위해 여러 가지 수고와 헌신으로 함께 해주신 분들을 열거하지 않을 수 없습니다. 제일 먼저 이 책의 출판을 위해 애써주시고 번역해 주신 조평세 박사님께 진심으로 감사의 말씀을 드립니다. 박사님의 헌신으로 인해 미국에서 벌어지고 있는 사회주의 운동을 잘못된 성경해석으로 포장하고자 하는 무서운 시도에 대해 알 수 있게 되었고, 아울러 우리 한국교회 성도들에게 경각심을 심어줄 수 있게 되었습니다.

이 책의 디자인을 위해 애써 주신 김현진 형제님께도 진심으로 감사합니다. 여러 가지 어려운 상황 속에서도 기꺼이 이 책의 디자인을 위해 고민하고 함께 의견을 나눌 수 있었음에 진심으로 감사드립니다.

한 교회의 담임목회자로서 목양하며 출판을 감당하는 저를 늘 응원해 주시고 출판과 홍보를 위해 노력하며 더 나은 출판의 방향을 위해 고민해 주는 귀한 동역자 강윤석 강도사님께도 진심으로 감사의 마음을 표합니다. 그리고, 물심양면으로 애써 주시고, 여기저기에 홍보해 주시면서 함께 기도해 주시고 격려해 주신 이은정 집사님께 진심으로 감사드립니다. 재정적인 어려움을 극복할 수 있도록 귀한 후원을 해 주신 분들께도 진심으로 감사드립니다. 권윤미 집사님, 고은여성병원 고은선 원장님, 오자경 집사님, 박지원 자매님, 이용원 대표님, 김경현 집사님, 양은혜 집사님께 이 자리를 빌어 진심으로 감사합니다.

옆에서 늘 조언해 주고 사랑과 신뢰로 부족한 남편을 응원해 준 사랑하는 아내 이성은에게 감사하며 목회와 출판으로 인해 함께 놀아주지 못했던 사랑스런 두 자녀 채운이와 로운이에게 미안한 마음을 전합니다.

끝으로 우리 도서출판 개혁과 이 책의 출판을 위해 기도해 주시고 관심가져 주신 사랑가득교회 모든 성도들께 감사의 마음을 전합니다.

2021년 7월

Was Jesus a Socialist?

"NO!"

Was Jesus a Socialist?

Written by Lawrence W. Reed
Translated by Daniel Pyungse Cho
Copyright © 2020 by Lawrence W. Reed
Originally published in English under the title
Was Jesus a Socialist?
By ISI Books
3901 Centerville Road, Wilmington, DE 19807, USA
This Korean edition is published in arrangement between ISI Books and
Reformed Press.

예수는 사회주의자였을까

2021년 7월 23일 초판 발행
2021년 9월 19일 초판 2쇄 발행

지은이 | 로렌스 W. 리드
옮긴이 | 조평세
디자인 | 김현진
발행인 | 이제신
펴낸곳 | 도서출판 개혁
등 록 | 2020년 3월 26일 제2020-000011호
주 소 | 경기도 의왕시 안양판교로 99 스마일타워 404호

ISBN 979-11-971789-1-7(03320)